PUHUA BOOKS

我们一起解决问题

精益实践译丛

Lean Human Performance Improvement

人员绩效精益改进手册

[美] 杰瑞 · 哈伯（Jerry L. Harbour） 著
赵磊 任艺 译

人 民 邮 电 出 版 社
北 京

图书在版编目（CIP）数据

人员绩效精益改进手册 / （美）杰瑞·哈伯（Jerry L Harbour）著；赵磊，任艺译. -- 北京：人民邮电出版社，2020.8
（精益实践译丛）
ISBN 978-7-115-54376-9

Ⅰ. ①人… Ⅱ. ①杰… ②赵… ③任… Ⅲ. ①企业绩效—企业管理—手册 Ⅳ. ①F272.5-62

中国版本图书馆CIP数据核字(2020)第118195号

内容提要

近年来，绩效改进工作越来越受到我国企业管理者的关注。组织在努力提高工作绩效的同时，必须重点关注人员绩效改进工作。倘若组织忽略了工作绩效中人的因素，就会造成不必要的浪费，导致工作效率低下、生产成本增加。

本书从三个层面论述了工作场所中的人员绩效问题，书中内容深化了对人员绩效工作的理解，介绍了在各种工作场景中提升人员绩效的实例，对人员绩效改进工作进行了广泛而深入的剖析，对我国的企业管理者提升人员绩效工作具有重要的参考和借鉴作用。

本书适合企业管理者、精益六西格玛团队和人员绩效改进工作从业者阅读参考。

◆ 著 ［美］杰瑞·哈伯（Jerry L. Harbour）
译 赵 磊 任 艺
责任编辑 刘 盈
责任印制 彭志环

◆人民邮电出版社出版发行 北京市丰台区成寿寺路 11 号
邮编 100164 电子邮件 315@ptpress.com.cn
网址 https://www.ptpress.com.cn
大厂回族自治县聚鑫印刷有限责任公司印刷

◆开本：700×1000 1/16
印张：14 2020 年 8 月第 1 版
字数：220 千字 2020 年 8 月河北第 1 次印刷
著作权合同登记号 图字：01-2016-2695 号

定 价：69.00 元

读者服务热线：（010）81055656 印装质量热线：（010）81055316
反盗版热线：（010）81055315
广告经营许可证：京东市监广登字20170147号

谨以此书献给我已故的祖父克拉伦斯·尼尔森。他在我很小的时候就培养了我对书本和学习的热爱；我也希望我的小孙子卡登可以继承这份热爱，让图书滋养他的一生。

基于工作系统的视角：人、工具和任务

请你设想并描述一个工作场景，如医院的手术室、车辆制造厂的流水生产线、某地区的物流中心或大型机场的飞机维修设施。

每个人对这些场景的描绘可能各不相同，但总的来看，我们会发现它们有共同的构成要素，即使用工具的人（劳动者）、各类工具和不同的任务。这种“人—工具—任务”三位一体的组合，构成了一个简单的工作系统模型，如图 1 所示。当然，该模型可以不断扩展并变得很复杂，本书首先分析核心的要素，即人、工具和任务。

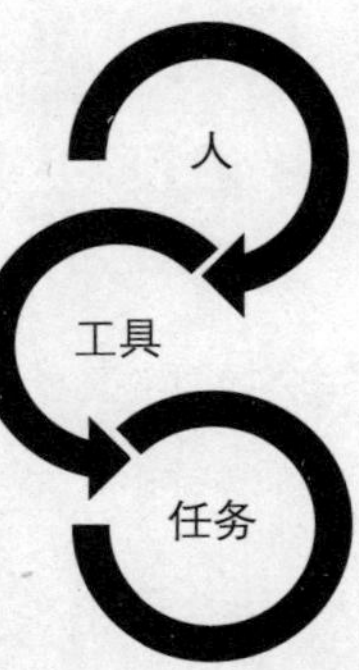

图 1 “人—工具—任务”的工作系统模型

人们在尝试优化工作系统时，往往只关注该工作系统模型中的工具和任务，甚至只关注其中一项，经常忽略了“人”这一要素。例如，技术人员往往致力于改进工作系统模型中的工具部分；精益六西格玛（Lean Six Sigma）的践行者主要关注任务要素以及与之相关的流程。但这种只关注工具要素或任务要素的改进方法缺乏远见，经常会导致人们无法使用该技术，或工作流程不易操作且效率较低。如果我们想大幅优化工作系统，使其适用于各种工作场景，我们不仅要关注组成工作系统模型的所有独立元素——人、工具和任务，还要关注这三者之间以及两两之间的相互作用。

当然，这种从整体和相互作用的角度出发改进工作系统的见解并不新颖。早在一个世纪以前，弗兰克·吉尔布雷斯就提出了改进工作系统的一些措施，并为这种观点提供了实践基础。

据约斯特描述，吉尔布雷斯在19世纪末开始作泥瓦匠学徒，在学徒期间，他从几位师傅身上学到了不同的砌砖技能。由于吉尔布雷斯生性好奇，于是他开始思考如何提炼出更高效的砌砖方法。

在好奇心的驱使下，吉尔布雷斯踏上了改进工作系统的漫长旅程。1895年，27岁的吉尔布雷斯在妻子莉莲·吉尔布雷斯的帮助下开创了自己的建筑事业。莉莲·吉尔布雷斯是位拥有博士学位的专业工程师，她也被很多历史学家认为是美国第一个真正意义上的工业和组织心理学家。吉尔布雷斯建立的公司专营“高速建造”（speed building）——表示他们搭建砖砌建筑的速度更快、质量更高。在吉尔布雷斯的带领下，他的公司迅速成为美国东海岸最大的建筑公司之一。

麻省理工学院洛厄尔实验室的建成最能体现这家公司在高速建造方面取得的巨大成功。尽管这项工程在开始时还因大雨推迟了十天，但吉尔布雷斯的公司从签订合同到竣工，只用了不到三个月的时间。对此，《波士顿晚报》这样描述：

1 300 个桩打入地里，100 万块砖头层层叠叠……坚实的混凝土地基足以支撑沉重的发动机，配置的采暖通风系统也已安装好。47 个房间和 1 个动力室铺展开来，共计 4 万平方英尺（约 3 716 平方米）。

比建造洛厄尔实验室更令人印象深刻的是吉尔布雷斯在建造过程中使用的方法。吉尔布雷斯研究了每一项建筑工作的步骤，以识别其中被浪费的人体动作。随后，他有针对性地设计了工作方法，开发了配套的技术，使工人们的工作尽可能简洁、高效、轻松。这种人、工具、任务三位一体的工作设计方法完美地体现在砌砖作业领域。

研究了砌砖过程后，吉尔布雷斯将砌一块砖所需要的移动次数从 18 次减少到 4.5 次（之所以出现半次，是因为有一个动作与砌后一块砖共用）。大幅度的时间节省得益于他的一系列改进措施：识别并剔除砌砖过程中多余的动作和步骤；重新安排砖头和灰浆的摆放位置使其更容易被抓取；重新设计脚手架以提高砌砖速度、缓解工人疲劳。

通过这一系列的改变，吉尔布雷斯的工人每人每小时可砌砖 350 块，速度几乎是先前记录 120 块 / 小时的三倍。这样计算下来，他的工人每人每天平均砌砖 2 600 块，远远超过了行业内每人每天砌砖 500 块的平均值。

请注意，吉尔布雷斯最先关注的是泥瓦匠，让他们的工作变得更加快捷、简单、轻松——这是“人”的要素。同时，他也注意到了对任务的分析和改进，辅以新设计的辅助工具（如脚手架）。就其本质而言，吉尔布雷斯通过实现“人、工具和任务”一体化，大大提高了工作成果的输出，使工人们每天每小时砌砖的数量得到了大幅度的提高。

在弗兰克 · 吉尔布雷斯和莉莲 · 吉尔布雷斯开创性地提高工人生产效率后的一百多年里，人们的工作环境已经发生了诸多变化。但是，从今天的精益六西格玛的很多价值主张来看，企业管理者仍然对提升工作效率、工人生产率，以及提高产量、质量倍感兴趣。尽管随着时间的推移，工作环境发生了改变，很多人不再以砌砖为生，但是吉尔布雷斯夫妇提出的改进工作效率的概念一直沿用至今。

因此，企业管理者在努力提高工作效率的同时必须要保证，即使“精益”活动提升了工具或任务的作用，人的表现也需要得到认可。这是因为，虽然在成熟的工作系统中，技术变得越来越先进，但是这些系统仍然是由时常会犯错的人设计、建立、维护和操作的。忽略工作中人的作用会造成不必要的浪费，严重时还会给企业带来灾难。

人员工作绩效

本书主要介绍了人们在工作中的绩效表现、对绩效的分析及相应的改进措施。不过，一个基本的前提条件是，人们永远不能彻底脱离他们执行的任务或者在执行任务过程中使用的工具。在很多情况下，导致人们绩效低下的根源正是这些任务和工具。

例如，第二次世界大战爆发后，美国陆军航空队内部约有 15 000 名服役人员在境内训练和其他相关飞行事故中丧生。这些事故的发生原因仅仅是“飞行员操作错误”。

为了弄清楚飞行员为何会操作失误，俄亥俄州立大学心理学家、时任海军陆战队中校的保罗·费茨，在 R·E. 琼斯的帮助下，对战争期间所有飞机训练导致的重大事故展开了广泛的调查。

两位调查者很快发现，正是飞机驾驶舱的一些特点影响了飞行员的操作过程。例如，飞行员经常会混淆副翼和起落架的手柄，因为二者的外观和触感尤为相像，并且位置紧密相连。手柄的外观本来就不易分辨，再加上它们被并列摆放，有时飞行员本想降低或升高起落架，却在无意间扳动了副翼手柄。这样的错误一旦发生，结果往往是致命的。

飞行员还会混淆节流阀、混合物和螺旋桨等操控装置的位置，因为不同型号的驾驶舱和飞机中操控装置的位置与顺序是不同的。想象一下，如果汽车制造商在一部分汽车中把油门踏板放置在刹车踏板的右边，在其他车中又把它放置在刹车踏板的左边，人们开着租来的汽车，本想踩刹车却踩到了油门上，最后发生了事故，这样的错误真的该归咎于司机吗？相信大多数人和当年的费茨与琼斯一样，是不会同意的。

这两人在 1949 年发表了一篇具有重要启示意义的文章，他们认为“飞行员操作错误”的说辞是不恰当的。“飞行员操作错误”只能作为初步线索，要进一步探寻导致失败的、更深刻、更系统的原因。他们发现人的错误往往与工具和任务的特征相关，因此他们提出人类可通过重新配置工具和设计作业情境来改进工作方式。

费茨和琼斯的结论带动了许多研究人员开展相关科研工作。得益于他们的研究成果，航空工业（无论是商用还是军用）取得了巨大进步，安全飞行记录被不断刷新。

除了航空工业之外，其他很多行业也饱受人为错误的困扰。在墨西哥湾原油泄漏事件中，随着爆炸、火灾、地表下沉和原油扩散现象的发生，大量人员开展了事故调查活动，并公布了调查结果。其中一个调查报告表明，“钻台上的钻井队和其他人员错过了井涌发生的重要信号。如果钻井队及时、恰当地采取了相应措施，他们本可以防止井喷——至少可以在很大程度上降低它的影响。”

尽管这一发现将责任归咎于“未及时采取措施”的作业人员，但调查报告并没有进一步分析这些“重要信号”在泄漏发生前是否显示给钻井人员或是以何种方式显示的。如果在嘈杂、凌乱、繁忙的工作情境中显示了信号，它们能被轻易地观测到吗？就算人们观测到并理解了信号，他们能有足够的时间以“及时恰当的方式”做出反应吗？

我们若想真正改进工作绩效，就不能一味地将错误归咎于人，条件反射般地羞辱、责备、惩罚犯错的当事人。反之，我们应该看到更深层次的问题，真正理解这些错误背后的原因。

本书概述

本书主要由以下三个部分构成：

1. 理解人员绩效；
2. 分析 & 提高工作生产率；
3. 分析 & 提高质量与安全性。

第一部分的内容是深化读者对人员绩效概念的基本理解。本书会讲述如何分析并提高与人相关的作业效率（第二部分），最后是如何分析与提高作业质量和安全性（第三部分）。尽管在各种工作场景中，人们使用的工具和任务各不相同，但“人”这一要素几乎不变。因此，不同工作的经验往往有很大的适用性和借鉴性。也就是说，工作情境 A 中积累的经验对工作情境 B 仍有很大的参考和借鉴价值，即便二者的功能和特征大不相同。

本书第一部分讨论“理解”人员绩效，它由第一章至第三章构成。第一章和第二章分别从宏观层面和更详细、更个体的微观层面展示了人员绩效的两个基本模型，它们融合了心理学和生理学对人员绩效的观点。虽然这两种视角和观点不同，但是要想真正理解人员绩效背后的基本原则，理解人们为什么会有当时的表现，我们就需要借助这两种观点来思考。

模型旨在向外界呈现对系统特性的描述。成熟的模型能够帮助人们理解某个系统（如人体）是如何运作的，或者如何发挥更重要的作用，即为我们提供实用的见解，告诉我们如何改进某个系统（这也是我写本书的最终目标）。

不幸的是，许多人员绩效模型的发展和描述是在单一学科或是特定领域的有色眼镜下进行的。例如，以认知为中心的工作绩效模型很少融入竞技体育绩效模型中的重要见解。因此，很多工作过于强调要加深对认知和心理技能的理解，并要进行相应的提高，却几乎完全忽略了运动和身体技能这两个方面的因素。（我曾经研究的人员绩效博士项目也存在类似狭隘的见解）。

此外，人们错误地认为从 **X** 产业（如航空工业）获得的关键启示不适用于或者不能直接应用于 **Y** 产业（如医药产业）。然而，为了更好地理解和发展人员绩效，我们必须将那些从人力资源相关领域和各种产业工作情境中得到的启示与发现整合起来。这就是我在第一章和第二章讨论的内容，这一思路也贯穿了本书的其他章节。

总的来说，第一章和第二章主要讨论个人绩效。尽管与工作绩效直接相关的是团队绩效，但是团队绩效的基本组成单位仍然是个人绩效。在很多情况下，团队绩效正是精心安排、巧妙配合的个人绩效的拓展版。因此，这样的个体层面是我们理解人员绩效的出发点，也是贯穿本书始末的焦点。

同时，第一章和第二章指出了偶尔出现的残酷现实：执行人员的个人绩效存在波动，而且人员之间的绩效各不相同。在一些情况下，尤其在处理简单任务时，训练和实践能够很好地（尽管并不彻底）缩小个体间存在的原有差异。

下面的案例体现了这一点。1911 年 8 月的一个早上，盗贼从法国卢浮宫偷走了列奥纳多 · 达 · 芬奇的名画《蒙娜丽莎》。随后，法国警探巧妙地重现了盗窃现场。他们安排了两组男性志愿者再现了犯罪过程，志愿者轮流偷取与原画位置相同的一幅仿画，速度越快越好。第一组是博物馆的工作人员，他们伪装成蓄谋已久的盗贼。第二组志愿者则扮演没有预谋的盗贼，他们事先不了解画的具体位置。因为不知情，也没有提前演练，第二组志愿者花了 5 分钟偷走画作，并且整个过程存在各种困难。相比之下，第一组“窃贼”娴熟地托起仿造的《蒙娜丽莎》，轻松地将它从四个支撑的钩子上取下来——这一过程仅仅用了 6 秒。在这个案例中，如果两组志愿者在模拟偷画之前都演练过如何移动画作，那么两组人员的表现就不会出现这么大的差距。

不过，在其他情况下，人们即便受到了同类型且等量的训练，个体之间的表现仍然存在着差异（divergence）。任务越复杂，这种差异就越明显。这时，个体的实际“可训练性”就成了决定任务完成情况的关键因素。

我们观察到人们的“可训练性”各不相同，对此，有一种解释是由于人的“天性”不同，或者说人们有独特的基因生物型（genotype biology）。天性的作用在运动中尤为明显，而且在几乎任何工作情境中都能体现出来。以优秀的外科医生为例，他们可能天生就有出众的手眼协调能力。这种天赋使他们能够轻松掌握外科手术技术，尤其是那些高难度的身体动作。我们很难想象某个脑科医生的手脚协调能力不佳。

在某些情况下，这种独特的天赋是可以被精确测量的。如列奥纳多·达·芬奇创作的著名作品《维特鲁威人》，画作中的人臂距和身高等长，展现了完美的 1.0 比例。我们大多数人的身体也是这样的比例，但是还存在一些例外的情况。美国职业篮球联赛（NBA）球员的臂距身高比例平均为 1.063。这就意味着一个身高为 6.7 英尺（约 2.04 米）的篮球运动员，他的双臂展开有 7 英尺（约 2.13 米）长。《运动基因》的作者戴维·爱珀斯坦写道，篮球运动员不仅“高得引人注目，手臂也长得没有道理，都赶上他们的身高了。”

与这些篮球运动员相反，举重运动员往往身材较为矮小，拥有不足 1.0 的臂距身高比。在其他条件一样的情况下，举重运动员的手臂越短（尤其是前臂较短）就越占优势，因为他们不需要把杠铃举到超过头很高的位置。因此在这个特定的任务——举重中，短臂就是一种优势，而在篮球运动中，这却成了绝对劣势。请注意，臂距是由基因或生物因素决定的，也就是说，无论人们多么努力，也无法通过训练来改变手臂的长度。

这样说来，达·芬奇没有用篮球运动员或举重运动员作《维特鲁威人》的模特也是件好事，否则他就画不出完美对称的方形和圆形，呈现给我们的就是不对称的长方形或椭圆形，画作就失去了对称之美。

第三章介绍了不同类型的人为错误以及错误发生的**前兆**，即错误诱发条件（error-producing conditions）。本章阐述了人们最容易在特定任务序列中的哪一步发生错误——即所谓的**易出错活动**（error-prone activities），并分析了其中的原因。例如，医生在手术前忘了移除医用海绵，电工在启动变压器前忘了将插头接地，这两件事乍一看是截然不同的错误，但是这两种错误都属于同一类型——**疏漏错误**（errors of omission），而且两种错误在整个任务序列中几乎发生在同一个环节。由此可见，在某一工作情境中积累的人为错误方面的经验，在另一个看起来完全不同的工作情境中仍然适用。

此外，前文案例中飞行员事故的调查结果显示，工作系统内含的特性即"**潜在因素或潜在错误**"（latent factors or errors）往往"设定"了人们在操作中的错误。因此，想要减少人为错误导致的不良后果，其中一个方法就是从工作系统中移除这些潜在的因素，以使整个系统更加人性化，更具备容错性。

根据哈伯的描述，图 2 展示了工作机构的目标双重性：一方面通过提高工作效率和生产力来增大成功的可能性，另一方面通过降低事故频率和事故后果的严重性来避免（至少是有效减小）损失惨重的失败风险。因此，有了第一部分关于人员绩效的基本理解作为铺垫后，第二部分会关注图 2 中左图的生产效率环节，第三部分则讨论图 2 中右图有关减小失败风险的部分。如果我们认真思考一下，就会发现精益六西格玛提出的多数改进措施在提高作业效率与作业质量的同时兼顾了安全性。

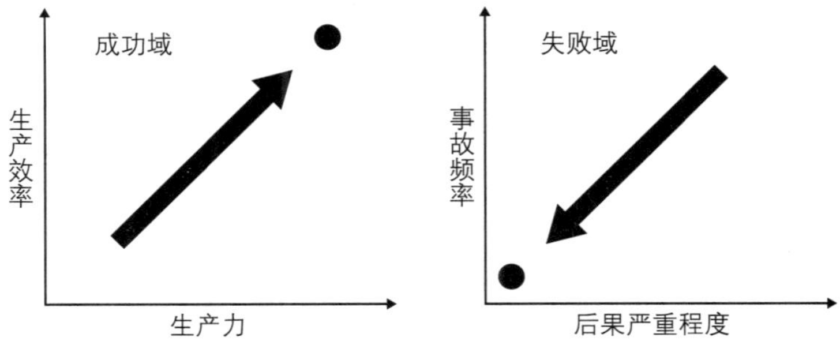

图 2　组织的成功域目标和失败域目标

我们还需要认识到一件重要的事，那就是企业必须在提高生产效率的同时，保障、增强工作的可靠性和安全性。例如，在搬砖的过程中，去除琐碎费力的人体动作一定会加快工作的速度，但是如果这个改进措施不能保证品质，导致工作不得不重做，则最初节省的时间和提高的生产效率就没有意义了。更严重的是，如果因此发生了严重的事故，整个工作都要彻底中断。因此，我们在尝试提高工作绩效的同时，务必兼顾生产效率、质量及安全。

科幻小说作家普勒斯顿和蔡尔德完美地捕捉到了“生产效率—质量—安全”需求一体化的理念。他们注意到“仅仅明白如何把事情做对”是不够的，“你还需要明白如何不把事情做错。你必须分析每一种可能导致失败的情况，只有这样才能确保成功。”

第二部分由第四章和第五章构成。第四章从工作产出的角度出发，介绍了多种可用于分析人员绩效的技术方法，这些方法使工作执行起来更快速、更简单。第五章介绍的分析技术主要关注的是低效的、不增值的人体动作以及与这些动作相关的工作步骤。这些技巧和吉尔布雷斯把砌砖的动作数量由 18 次缩减至 4.5 次的技巧有着异曲同工之妙。

由于大多数工作是由人的双手完成的，因此，第四章中有一节详细分析了手部动作。吉尔布雷斯将手部动作分析命名为“微动作单位分析”或“动素分析”（therblig analysis），也就是今天人们常说的手部微运动分析（hand micromotion analysis）。

第四章不同于精益六西格玛的一个方面是它强调节约的分分秒秒。因为在工作中，很多动作都具有重复性，即便是几秒的微小节省也能累积为宏观层面上显著的时间节省。例如，按照吉尔布雷斯设计的方法，工人砌一块砖可以节省 46 秒。这种看似微不足道的节省可以转化成宏观上巨大的节省，从工人一个小时或一天能够完成的砌砖数量就可以看出来了。正如第四章所述，为了获得这种宏观层面的节省，我们需要在非常详细、近乎微观的层面对人员表现进行建模和分析。

分析完工作场景中人体动作并识别了可以改进之处后，下一步要做的就是设计并实施这些改进措施。

第五章中有一部分内容专门从人员绩效“改进动作”的角度出发，关注工作情境设计和布局中的一些细节。第五章讲到，在很多情况下，重新设计的工作情境可以减少或剔除不必要且浪费的人体动作。此外，重排任务序列和步骤也可以达到相同的效果。正如第四章和第五章所描述的，整体改进人体动作的策略就是从微观层面做出计划并采取措施，积累得出宏观层面的巨大收益。

第三部分由第六章至第八章构成。第六章主要从人为错误的角度出发对人员绩效进行分析，最终目标是使人员绩效更加可靠（更不容易产生差错）。无论是分析长期存在的质量问题，还是调查严重事故，第六章介绍的技术都能很好地发挥作用。调查中格外重要的一点是，我们需要成为“执行者的一部分”，即站在犯错人的角度看问题。这种“由内向外”的视角在任何不良事件（adverse incident）的分析中都非常关键。

西德尼·德克是这样描述的，“如果我们由内向外地观察犯错人的情况，不带着由外向内的后见之明，那么他们的行为即使可能出错，也是合乎情理的。”德克认为学习人为错误的意义“并不在于发现人们哪里出了错，而在于从内向外地观察，尝试发现为什么他们当时得出的结论、采取的行为对他们来说是合理的。”第六章指出，德克的“由内向外”的观察法在人员绩效问题分析中的应用可以提供非常有价值的观点，它们不仅解释了为什么人们努力避免的事故会发生，更重要的是，它们能够告诉人们如何防止事故再次发生。

第七章介绍了多种改进任务可靠性、相关工作质量和安全性的方法。该章介绍了一些减少人为错误的具体方法，如向任务执行者提供一些能够帮助他们提升认知能力尤其是记忆力的工作辅助，如有效提示物等。第七章进一步描述了怎样应用防错技术和概念来改进工作质量。防错系统的重点不在于减少错误本身，而在于避免错误引发的“后果”。此外，这一章也讨论了改善感知环节的重要作用。在一些工作场景中，不良的视觉显示器对人们的认知会产生消极影响，而在一些情况下，被影响的认知会带来不希望出现的错误。可惜的是，人们不能对没有察觉或未感觉到的东西进行心智加工。

第八章对前面章节中所有可供学习的关键点作了总结。书末附有术语表。由于笔者并不了解读者对人员绩效话题的熟悉程度，因此本书尽量把术语表列得全面一些。

本书所有用于阐述关键点的具体案例都来自不同的工作场景，一些章节中也包含了重大案例的分析。这些案例和案例分析都是旨在帮助读者形成一种大体上的理解，使他们能够将其中的原理应用到任何工作情境中。同时，如前文所述，这种基础理解必须同时重视人、工具和任务三要素，这一点早在一百多年前，吉尔布雷斯夫妇就领悟到了，且至今没有改变。

总的来说，这本书试图对工作场所中的人员绩效问题进行更全面的叙述。我写这本书，第一是为了帮助精益六西格玛团队成员更好地理解人们的认知和行为是如何积极或消极地影响工作绩效的，第二是为了起到抛砖引玉的作用，引导人员绩效改进的实践者用更全面的视角分析问题。如果我在这两个方面取得了一点点的成绩，我的努力就是值得的。因此，请您慢慢品读这本书。

LEAN HUMAN PERFORMANCE IMPROVEMENT

目录

第一部分 关注人员绩效

人员绩效水平受到各种因素的影响，有研究机构做了一次实验，同样的课程内容、同样的教学时间、同样的授课老师，不同的学生会考出截然不同的成绩。这就是因为，先天因素和后天因素决定了每个人独特的表型，这些表型也会影响个体执行任务的潜力，同时，个体执行任务的潜力会受到即时任务情景的影响。上述三者共同作用就会产生不一样的绩效结果。

第二章 微观人员绩效模型：感知、认知和行为 // 027

PCA循环即“感知–认知–行为”循环，是即时任务层面衡量人员绩效的基础。感知、认知和行为涉及感觉（产生感知）、心智加工（产生认知）和行动（产生行为）三个部分，这三个部分通过神经系统连结在一起，本章通过分析棒球手击球的动作列出了一个完整的PCA循环，并构建了响应时间模型。

第三章 真的是人为错误导致失败吗 // 057

1987年，“自由企业先驱者号”因艏门未关发生了一次倾覆事故，很显然这是由于人为失误导致的事故，但是换个角度分析，如果船桥上安装了显示艏门状态的指示灯，就会大大降低事故发生的概率。在这个案例中，各岗位人员没有尽到自己的职责是激活因素，而没装指示灯就是潜在因素。通过去除潜在错误因素避免人为错误带来的不利后果，就是改进工作系统的有效方法之一。

第二部分 分析、改进与人相关的工作效率

第四章 分析人体运动 // 089

依然以棒球手击球为例，通过精准计算“地滚球到游击手”“游击手投球到一垒”等环节的距离和时间，我们就可以分析、识别并消除那些浪费时间、浪费精力的人体动作和对应的运动步骤，进而大大缩短任务周期时间，在相同的时间内完成更多的工作，提升工作绩效。

第五章 提升人员生产率的具体方法 // 125

本章设计了两种倒咖啡的方式，用图表详细列出了各个任务步骤的时间，并计算出了不同序列任务的时间差。虽然每个步骤的用时相差并不大，但是积少成多后可以显著缩短周期时间。同时，企业管理者可通过科学设计工作步骤、合理摆放生产物品，消除可避免

的延迟，缓解员工的疲劳程度，降低生产成本，提高工作效率。

第三部分 分析和改进人员质量与安全问题

第六章 人为错误分析 // 149

发生事故后，人们会对其进行与人员绩效有关的人为错误分析。人为错误分析一般包括做好调查准备工作，如获取事故的基本信息；列出详细的时间表，用于明确发生事故的时间、地点和人物等；识别潜在因素和错误诱发条件，并基于所有证据全面解读事故。

第七章 提升人员质量，解决安全问题 // 159

企业管理者处理人为错误时可以从以下三个层面入手，第一，识别并消除工作系统内部的潜在错误因素和相关的错误诱发条件；第二，改进感知或检测环节，并提供有效提示物，如在船桥上加装艏门指示灯；第三，设计具有容错性的工作系统，有效避免人为错误产生的实际危害，如在工作系统内构建冗余系统，只有在多个错误同时发生的时候，工作系统才会发生故障。

第一部分

关注人员绩效

“如果大脑简单到我们能够理解，我们的思维就会简单到不能理解大脑。”

——幸运签语饼

第一章 宏观人员绩效模型：先天因素、后天因素与作业情境

我在私营公司工作的时候，曾经担任国家训练中心的培训总管。国家训练中心由联邦政府运营，政府职员负责监督管理工作，我所在的私营公司则负责人员培训以及相关的业务支持和业务活动。

这个训练中心专门训练人们的安全、安保和防护能力。关于如何提高防护力，它有一套非常详实的训练方案。为了保障培训的专业性，这个中心设立了几个远近不同的实战射击场，并且配备一个“射击房”，供训练人员在安全可控的环境下练习近距离作战（room-clearing）和其他战术活动。

防护力训练涵盖了从入门级到高级的训练课程，课程周期也不尽相同，短至几天，长则数周。其中一门高级课非常具有挑战性，叫作“战术响应力”（Tactical Response Force，TRF）训练。这门训练课程更像延长版的特警队训练，只是二者的剧烈程度不同。正如一位参训者描述的，“这是长达六周的跑步和射击训练课。”

通常情况下，成功完成任务并拿到TRF证书的参训者回到原来的工作岗位后往往能加薪升职，因此学员们会很积极地参与这一课程。对他们而言，

能够参加 TRF 训练，是一件极为幸运的事情。

不过，通过 TRF 训练的考核并不容易。每周完成一个训练模块后，就会有一次高难度的技能测试（performance test）。障碍课程测试（或称“O”测试）是其中格外难的一项，这一考试在课程的中期进行。如果参训者第一次没有通过技能测试，他会有一次重考的机会，如果重考还没有通过，他就会被开除。

有一次，我们在无意间完成了一个非常值得深思的实验，发现 TRF 训练和人员绩效（human performances）的关系是不易准确预测的。当时由于行程安排和课程需要，我们不得不开办两次 TRF 课程，它们在内容安排上几乎完全一致，只是在时间上相隔一周。由于安排的课程紧密相连，因此两次课程在各方面几乎完全一样：无论是课程内容、考试、装备还是环境情况（如天气）都没有差别，最重要的是，两期课程的教官们也完全一样（出于安全考虑，课程会设有很多首席教官和助理教官）。

这两次课程唯一的不同之处就是学生，正是这唯一的不同导致了方方面面的不同。在第一期 TRF 课程中，大多数学生表现出色，他们以优秀的成绩轻松通过了性能测试，退学率和失败率远远低于平均值。

第二期课程的考核结果却大相径庭——不少学生没有通过考试，很早就被遣送回去了。这让资助他们的地方机构大失所望。在这次 TRF 课程结束后，训练中心的一些政府官员希望为这次惨淡的成绩讨一个说法，含沙射影地指责是我们（教官）没做好。

我的回应是我们的教官没有做错任何事。事实上，他们对待第二期课程比对待第一期还要努力。我认为，这两期课程的训练环节，也就是“先天 - 后天”公式中的“后天”因素，是完全一样的。与政府官员所认为的相反，是“先天”因素导致了这两期课程结果的显著差异。

我们遗憾地发现，两期课程参训者的个体能力起点不同，因此两组参训者表现出的绩效水平存在明显差异。施密特和温伯格将个体差异（individual differences）定义为人的绩效水平的差异，这种差异在很大程度上是由于他们能力上的差异导致的，而这种差异往往在很长时间内保持不变。在这个案例中，出错的并不是训练者（以及教官）这一环节，而是前期选拔参训人员的环节（这一环节由每个独立的地方机构掌控）。

这个案例表明，人员绩效非常复杂，往往是由各种各样的因素协同决定的，其中大部分是外在因素，来自于人们工作的外部环境，但也有一些是内在因素，来自于执行者自身。这些内因在一定程度上展现了人员绩效受生物性因素控制的一个方面。

因此，要想理解人员绩效，我们就需要将它视为一碗现实中的“字母汤”，字母 A 到字母 Z 都在汤里。为了探索这碗令人着迷的“字母汤”（如果你不嫌弃它混乱的话），我决定选择一个高级的、宏观的人员绩效模型作为讨论的起点。

接下来的第二章将介绍与宏观模型对应的微观模型，该模型同样已在之前的期刊上发表。虽然宏观和微观的视角不同，但其有重合之处且彼此互补。希望我对这两个模型的介绍可以使读者掌握其中的精髓，因为这两个模型都包含大量关于人员绩效的信息，也都提供了分析和改进人员绩效的基础，适用于任何工作情境。

宏观人员绩效模型的构成

模型旨在向外界呈现对系统特性的描述，开发任何模型都要面临一个挑战，即在复杂原理和简单应用之间寻找一个平衡点——过于复杂的模型让人难以理解，过于简单的模型对模型应用者来说又没有价值。

如前所述，成熟的模型能够帮助人们发现影响特定任务完成情况的各种属性或因素。我开发的宏观模型从个体的层面考察人员绩效，它的主要组成部分如图 1-1 所示。这个基础模型由三个基本的、彼此重合的层级构成，分别是：

- 先天 / 后天潜在因素层；
- 即时任务情境层；
- 绩效结果层。

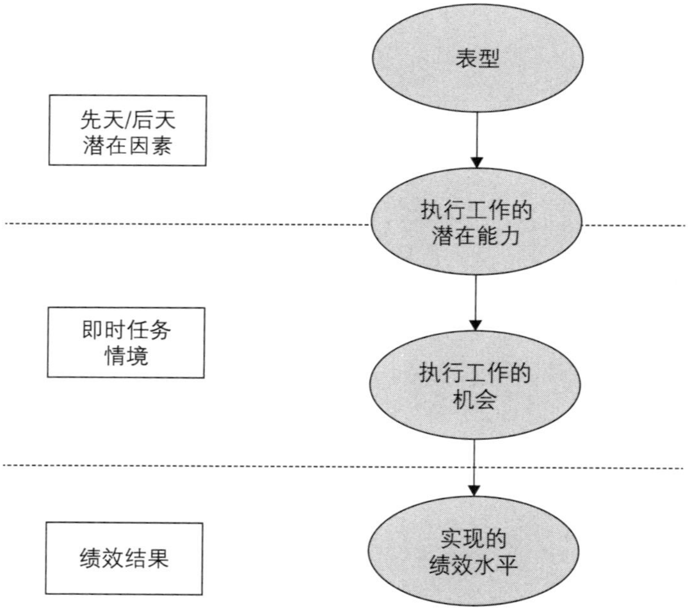

图 1-1　宏观人员绩效模型的基本组成部分

图 1-2 呈现了模型要素的相互关系，主要介绍了以下方面。

- 先天和后天的潜在因素共同决定了每个人独特的表型，这些表型又会影响个体执行工作的潜在能力。也就是说，我们在工作中展现的正是这个独特的表型。

- 人们执行工作的潜在能力也受即时任务情境的影响；这些与任务情境相关的因素决定了人们是否有机会执行这个任务。
- 最后，先天 / 后天潜在因素与即时任务情境共同决定了不同水平的绩效结果。

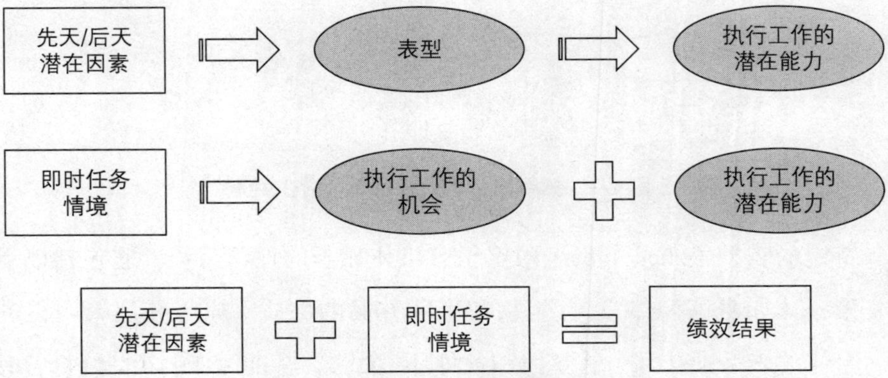

图 1-2　模型要素的相互关系

下文将展开讨论模型中每个重要的层面中更具体的相关子要素。

先天因素与后天因素对人员绩效的影响

如图 1-3 所示，个体执行工作的潜在能力深受其独特的表型影响，而个体的表型既受生物性或遗传的先天因素影响，也会受到与知识、技能发展和其他经验相关的“后天”因素影响。尽管我们常看到的是先天因素与后天因素的比较，但人员绩效是受到二者共同影响的。若要问在计算一个矩形的面积时，长度和宽度哪一个更重要，问题的答案不言自明，因为两者缺一不可。同样，先天因素和后天因素也同等重要。

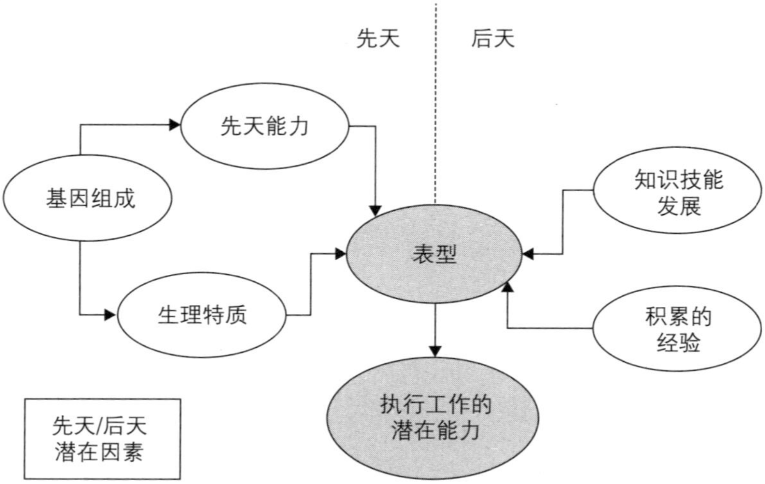

图 1-3　拓展的“先天 – 后天”潜在因素

特定的表型（phenotype）限定了有机体显著的性状特征，它包括以下内容：形态（如身高和体重）、生物和生理方面的性质、先天和后天习得的表现。个体的表型会受到个体基因和各种环境因素的共同影响（后者包括知识、技能的学习以及经验积累），这两股主要力量在个体身上交互作用。为什么你和我的外貌、行为不一样？这是因为我们有不同的表型，而表型又恰恰是我们独特的基因和综合的情境经历（包括学习）共同作用的产物。

图 1-4 展示了基因（先天）因素与环境（后天）因素互相依存与相互影响的关系。请注意图 1-4 中基因（先天）和环境（后天）因素是如何影响特定的表型、如何相互作用的，现在，研究人员越来越多地发现基因或基因组成能够和我们所处的环境发生交互作用了。

人们常常交替使用“能力”（ability）和“技能（skill）”这两个词，认为二者都可以通过训练得到。但是这两个术语对研究人员绩效的专家而言，却有截然不同的意思。“能力”代表了持久稳定的特征，在多数情况下，它由个体的基因组成和表型决定。所谓的个人能力，包括四肢的协调能力、身体的灵活性、上肢的稳健度、运动强度、身体的协调能力等。

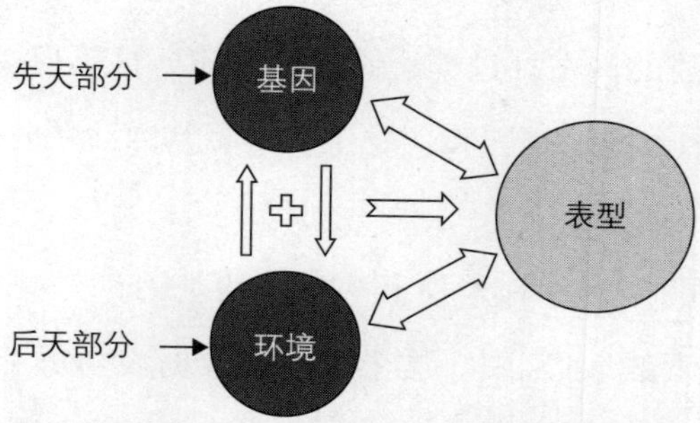

图 1-4　基因和环境作用于表型的交互作用力

更重要的一点是，先天能力是人掌握熟练技巧的基础，代表了先天－后天等式中的“先天”部分。在某些情况下，先天能力通过由基因决定的性能阈值来限制潜在的绩效水平。正如罗杰·班尼斯特［第一个在 4 分钟以内跑完 1 英里（约 1 609 米）的选手］所言：“每个运动员的天赋是不同的。”

尽管在今天全球化的大背景下，班尼斯特的言论可能已经没有什么意义了，但他的发现确实很重要：能力主要是由基因或生理方面的因素所决定的，在一些情况下，它会限制人们达到特定的绩效水平。以我为例，就算我处在更年轻、身体更矫健的年纪，我再怎么辛苦训练，也不可能在 4 分钟以内跑完 1 英里（约 1 609 米）。然而，我的一个朋友可以经常性地达到与这个速度很接近的成绩（他的最好成绩是在大学比赛上取得的 4 分 7 秒）。尽管我的朋友和我时常在一起跑步，但是很明显，作为跑者而言，我们的“天赋是不同的”。

相比之下，通过训练（很多情况下是针对性训练）产生的绩效结果则是“后天的”技能。施密特和里斯伯格将“技能”定义为经过训练产生的、达到预期绩效结果最稳定、消耗精力和时间最少的能力。因此，在很大程度上，我们天生就具备“能力”，但是“技能”往往要经过训练和实践才能掌握。

基因组成决定了我们先天的能力和生理方面的许多特征，包括身高、头发颜色等。“基因型”是指生物体的基因组成，并构成了个体的独特基因序列。正如塔特索尔所描述的，发育过程止于成人阶段，这不仅受基因本身的影响，也受基因开启 / 关闭效应、基因转换发生时间、基因活跃时外显强度等多方面因素的影响。

令人感到惊奇的是，所有人身上 99.9% 的基因都是一样的，两个人基因的不同只存在于剩下的 0.1% 中。这个微小的数据表明每 1 000 个核苷酸中只有 1 个是不同的，但是这 0.1% 的占比，或是千分之一个特别的核苷酸仍然非常重要。它赋予了我蓝色的眼睛和日益消退的灰色发际线，却给了你棕色的双眼和浓密的红发。

随着科学家开始解析并深入理解人类的基因组（即构成我们人类的所有基因），他们希望在未来能够发现某个特别的基因与某种能力相关，尤其是某种运动能力。这种观点颇受学界欢迎，因为一旦建立起某个基因和某种特别能力之间的直接联系，人们就可以通过基因工程提高运动员的成绩。遗憾的是，目前看来，许多基因共同决定着一种运动能力——当它们以特定的方式组合起来时，能够产生不可小觑的效应，但每个基因仅产生一小部分的效果。因此，仅凭单个基因提升人类性能的想法堪比科幻小说。

丹麦植物学家、植物生理学家和遗传学家威廉 · 约翰森是 1991 年第一批区分生物体遗传（基因型）和遗传产物（独特表型）的学者之一。约翰森认为基因型和情境对独特表型的形成都很关键，并提炼出如下公式：

基因型（G）+ 环境（E）+ 基因型与环境互相作用（GE）> 表型（P）

事实上，约翰森的“基因 – 环境”公式与图 1-4 所表达的本质是相同的。

杜克大学机械工程学院的 J · A. 琼斯荣誉教授阿德里安 · 贝让指出，“先天遗传是后天训练的先决条件。”举例来说，泳坛名将迈克尔 · 菲尔普斯取得了 23 枚奥运会金牌，人们相信一定是他天生的身体条件成就了他。

菲尔普斯身高 6.4 英尺（约 1.95 米），但他的腿长只有 32 英寸（约 0.81 米）。他的双臂非常长，肩膀肌肉有力，双手和双脚也比普通人大很多。爱泼斯坦这样描述他："菲尔普斯的身体躯干长而腿短，这使他在游泳时接触水面的面积更大。"爱泼斯坦继续解释说，这种构造就像独木舟延长了船体，而"延长的船体"非常有利于船在水中快速前进。

不可否认，菲尔普斯在教练的指导下夜以继日地训练，但是，就算他的训练方法比他人略胜一筹，他赢得奥运冠军的主要原因还是他的基因或先天特征——格外长的身体躯干，这一点不容置疑。

基因影响个体潜力在纯种马竞赛中表现得最为明显。一次，我和我妻子参观肯塔基州列克星敦市郊外的几个养马场。工作人员为我们介绍了几匹顶级血统的骏马，我们也学到了如何"正确"介绍一匹纯种马。饲养员从来不会只介绍"这是乔，是一匹赛马"，而会说"这是乔，是一匹赛马，它的爸爸山姆，也是一匹赛马，还有它的妈妈萨莉，萨莉的爸爸就是那匹战绩卓越的赛马杰克"。我和妻子都注意到了基因在纯种马竞赛中的作用至关重要。

我们知道，遗传学也有缺点，斑点狗就是例证。尽管它们在消防工作中显得聪明伶俐，作为宠物也俏皮可人，但它们的基因却存在明显缺陷，尤其是在听觉方面。据统计，在所有斑点狗中：

- 30% 天生有听力缺陷；
- 22% 天生单耳耳聋；
- 8% 天生双耳耳聋；
- 51% 的蓝眼斑点狗天生至少有一只耳耳聋。

斑点狗的案例说明，并不是所有基因外显的表型都是积极的，尤其当一个物种（或其中一个品种）没有得到正确的培育时。

回到图 1-3 中描述的先天 / 后天潜在因素，特定的表型决定了个体执行特定任务的潜力。由图 1-3 可知，这种基于表型的潜力是以下两者共同作用的结果：其一，个体基因组成（或生物遗传控制的基因类型）；其二，通过重复练习而积累或提高的知识技能。不同个体在完成相同任务时表现出来的显著水平差异，是由个体的基因组成或技能水平差异导致的，即由两个个体的表型差异导致的。

“先天－后天”持续作用，同时影响个体的智力。智力是一种心智品质，它包括通过学习经验、解决问题、运用知识等途径适应新情境的能力。智力是先天和后天共同作用的结果。

智商最初被定义为智龄除以实际年龄乘以 100 所得的值。目前的智商测试得出的各年龄段人群的平均智商为 100。也就是说，如果你在标准的智商测试中取得 100 分，那么你的智力就处于平均水平；如果成绩高于 100 分，你就比常人“更聪明”，是高智商者；成绩低于 100 分，则说明你的智力不及常人。

智商值在人群中的分布趋势形成了一个近乎完美对称的钟形曲线——正态曲线。在正态曲线中，成绩大多分布在平均值（100）附近，越接近两端（被称为曲线尾部）的成绩，人数就越少。事实上，在一个正态分布的智商曲线中，68% 的人的智商为 100 分上下浮动 15 分（即 85~115 分），95% 的人的智商为 100 分上下浮动 30 分（70~130 分）。因此，成绩高于 130 分的人才是真正高智商的人。

不过，我们今天对智力概念的定义与早先标准的智力测试定义已经大不相同了。今天，我们有很多有关智力的理论和相关测试。一些不同的理论包括以下几个。

- **斯皮尔曼的一般智力因素理论（g）**：尝试预测我们在不同学术领域的基础智力。该理论提出，语言能力和空间感知能力这两种不同的能力存在相互关联的倾向。

- **瑟斯通的基本心智能力理论**：智力可以被分为以下 7 种基本的心智能力：流利的语言表达能力、言语理解能力、空间感知能力、知觉速度能力、数字能力、推理能力和记忆能力。这个理论提供了 7 个基本领域的智力成绩，与之相比，斯皮尔曼的单一智力成绩就略显单薄了。
- **加德纳的多元智能理论**：人类的能力可以被分为 8 种独立的智力能力，这 8 种智力能力包括打破了传统的“校园智力”的广泛技能。该理论认为智力不只局限于语言和数学技能，其他能力对人类适应环境同样重要。
- **斯滕伯格的三元智力理论**：智力由三方面能力组成：分析性智力、创造性智力和实践性智力，拥有这三种能力的人更有可能在现实世界中取得成功。因为它们能够被精确测量。

鉴于整个智力理论领域尚未在“智力”的概念问题上达成一致，因此从以工作为中心的人员绩效角度来看，采用“才能（capability）”的概念似乎比智力的概念更恰当。施密特和里斯伯格将“才能”定义为人们经过练习后可以发生改变的特性，它代表了一个人能够出色完成任务的潜力。“才能”一词捕捉到了“完成任务的潜力”的本质，它是能力、知识、技能发展和相关的实践经验共同作用的产物。

很多文献尤其是流行心理学的文献讨论了所谓的“情绪智商”（emotional intelligence）。情绪智商（即情商）代表了感知、理解、管理和使用情感的能力。一些学者认为情商和智商没有必然的联系。

尽管我们还没有彻底理解人类情感在人员绩效中发挥的作用，但我们不能忽略它。虽然在很多情况下，基因组成和后天训练设定了个体绩效的范围，但最终往往是个性品质决定了个体真正实现的绩效水平。

瓦西利斯·克利索诺非常赞成这个观点，他曾在一篇文章中描述了一对同卵双胞胎兄弟参加奥运会 20 公里竞走比赛的故事。一个兄弟赢得了金牌，另一个兄弟却被远远地甩在了后面。有意思的是，在过去的 19 年里，为了参加奥运会，两兄弟接受了完全相同的训练，他们的教练也是同一个人。

此外，经过生理评估，两兄弟在生理能力上的差异是微乎其微的。例如，他们二人的体质指数、心智指数和最大摄氧量的差额都低于 5%。也就是说，兄弟二人的生理表型几乎完全相同，他们接受的训练、教练指导和比赛经历也完全一样。然而，这对双胞胎性格特征测试的结果却完全不同。他们控制愤怒的能力之差约有 30%，对愤怒的反应差异更大，高达 90%。

克利索诺认为，尽管适合的基因和数年的训练是培养奥运会运动员的先决条件，但最终影响胜利的重要因素是个体性格特征。这一条对奥运会以外的其他场景同样适用。

在这场先天基因还是后天训练的讨论中，真正的挑战是如何准确地评估个体“完成工作的潜力”，这个问题与人员选拔和人才管理的方方面面都息息相关。

为了更好地评估“潜在的执行能力”，许多公司在聘用员工前会进行“先天－后天”类型的测试（尽管他们常有其他的叫法）。例如，我曾与某高科技公司管理者谈到这个话题，他们有一套引以为傲的测试系统，用来定期考察潜在的员工候选人。但是，当我问他们是怎么把测试结果和员工随后的工作表现联系起来时，那人一愣神，尴尬不语。我感到很遗憾，这家公司并没有认真思考过这个问题。

尽管我热衷于研究与员工入职前的环节有关的知识、技能和能力测试，但其前提一定是员工入职前进行的测试和入职后的工作表现有一定的关联。以篮球运动员为例，一些 NBA 球队发现，用二分球命中率、篮板球和断球这三方面的能力来评估球员最终达到的专业水平非常有效。换言之，这三个要素测试了球员能够留在 NBA 打球的潜力。私营企业像 NBA 球队一样，需要一个能够有效预测员工工作表现的测试工具或测试标准。

总而言之，人员绩效，尤其是个体在工作场所中的绩效潜力，本质上是先天基因和后天习得技能共同作用的结果。先天因素和后天因素都是人员绩效的必备要素，先天因素（能力）是后天因素（技能）的基础。

我本人深入研究了很多先天因素和后天因素影响人员绩效的问题。一开始，我以为训练能解决一切与人员绩效相关的问题（也就是说，我本身是个"后天主义"者），因此，我早期的大部分精力都投入到了开发、讲授和管理不同的训练计划中。如果有人遇到了人员绩效问题，我就用训练课程"解救"他们。

虽然我非常重视完备的训练以及其他技能开发活动，但是我现在意识到，工作场所的训练只是提高人员绩效的环节之一。人们的先天能力，或者说受训者带进课堂（或最终带进工作场所）的特质也是同样重要的。在某些情况下，无论训练量有多大，训练计划设计、开展得有多好，也无法弥补先天能力的不足。先天能力的差异从根本上解释了本章开头讲述的 TRF 训练课程的问题：为什么在其他条件一样的情况下，有些学生通过了考试，有些学生则没有。

尽管个体绩效潜力受先天固有能力和后天发展技能的影响甚大，但它也被即时任务情境及工作情境中的临时状况所影响和改变。下节将讨论现场工作情境或任务情境。

即时任务情境设计的重要性

人们在工作前，往往具有执行该项工作特定的潜在能力。然而，只有身处即时的工作情境中，他们才有机会亲自执行这项工作。这时，工作的执行情况不仅受他们潜在的能力（即他们自身的特质）影响，还受即时任务情境或外界工作情境的影响。

如图 1-5 所示，有时若干因素相互作用，包括人的临时状况（如非常不顺的一天）、任务需求和其他环境因素，它们相互作用的结果最终会积极或消极地影响人们实际的工作绩效。在某些情况下，任务要求（尤其是不利或紧急情况下的任务要求）会向人们施加压力，影响人们的临时状况，进而影响他们的任务绩效。

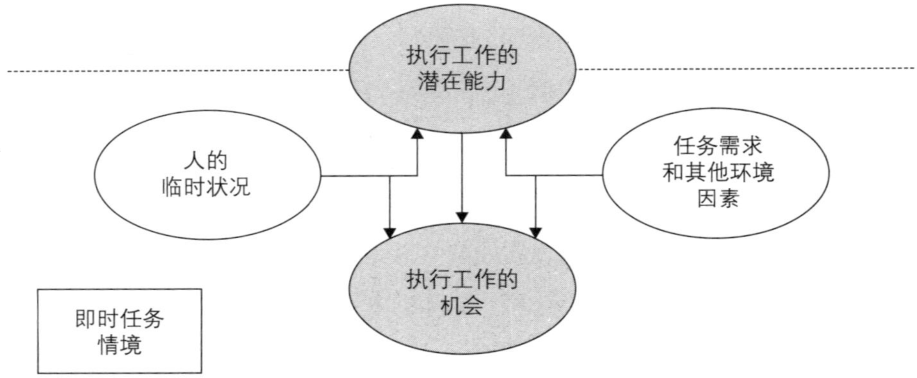

图 1-5　即时任务情境的相关因素

人的临时状况包括疲劳、情绪、动机状态、压力水平和健康状态等。其中，疲劳、动机状态和压力水平有时可被任务情境积极或消极地影响。请回顾一下前文的案例，弗兰克·吉尔布雷斯为了缓解公司砌砖工人的疲劳，采取了一系列措施。他减少了工人不必要的身体移动，简化了砌砖步骤，将砖头和泥浆放到一个更容易获取的地方，还重新设计了工人使用的脚手架。

那么，工作情境如何影响工作者的动机（即驱动并引导行为的内在需求，也称内驱力），将人的潜力转化成实际行动呢？在几乎所有的工作情境中，人们多少能被驱动着完成布置的任务，或按照要求（最好是正确的要求）完成布置的任务。

库尔特·勒温提出的动机公式是理解动机的一个方法。勒温是社会心理学、组织心理学和实验心理学领域的学术带头人。虽然他在立场分析领域取得了巨大的成就，但他在动机方面的研究也同样重要。在勒温的理论中，“动机”（motivation）对应的术语是“意图”（intent），意图的公式表示为：

意图 = 需求 × 配价 / 心理距离

勒温对公式中的各要素定义如下：

- **意图**（intent）：表示采取某种行为的心理强度；
- **需求**（need）：表示对结果状态的期望程度；
- **配价**（valence）：表示某项工作的完成对满足个人需求的价值；
- **心理距离**（psychological distance）：表示为达到期待的结果，必须执行某项任务或采取某些措施时遇到的所有困难。我习惯将心理距离看成做事过程中遇到的“麻烦因素”。

我曾听说过一个极好的心理实验，它生动地反映了心理距离的重要性。实验要求一组“心理学 101”的大学生按照指示，把一些盛有不同颜色液体的玻璃烧杯准确地摆放在特定位置上。指示中也零星、分散地写有穿戴安全装备的要求，如橡胶手套、头套和护面罩。

这些学生并不知道实验真正要考察的是他们能否严格按照指令穿戴安全装备。实验一共设置了三个不同的场景。在第一个实验场景中，所有的安全装备都整齐地摆放在玻璃烧杯旁边；在第二个实验场景中，安全装备离学生较远一些，散乱地放在教室的后面，需要学生们自己选择需要的装备；在最后一个实验场景中，学生们需要离开教室，走过一条走廊，在走廊尽头的储物柜里从一堆实验用品中找到自己所需的安全装备。

这个实验将“心理距离”的概念表现为物理距离和递增的凌乱程度，它们代表的是加剧的“麻烦因素”。实验结果完全符合我们的直觉：在第一个场景中，所有学生都按时按序地穿戴上了所有安全装备；在第二个场景中，一些学生没有按时穿上所有的装备；在最后一个场景中，学生失去了到走廊尽头寻找所需安全设备的兴趣（动机）。

我认为，这个实验指出了重要的一点：我们可以通过重新装备、重新设计工作情境来激励人们完成任务。换言之，精心策划后，我们可以缩短工作情境中的心理距离，帮助员工以更加正确的方式执行任务。

有时，唤醒（arousal）和压力也可以在人员绩效中发挥决定性的作用。施密特和里斯伯格给出了“唤醒”的定义——中枢神经系统的活跃度。唤醒可以将这种活跃度水平从处于睡眠状态时（或在完成极度枯燥的工作时）的非常低的水平，转变到作剧烈身体运动或处于兴奋状态时的格外高的水平。图 1-6 所示的倒 U 形曲线展现了唤醒的核心概念。

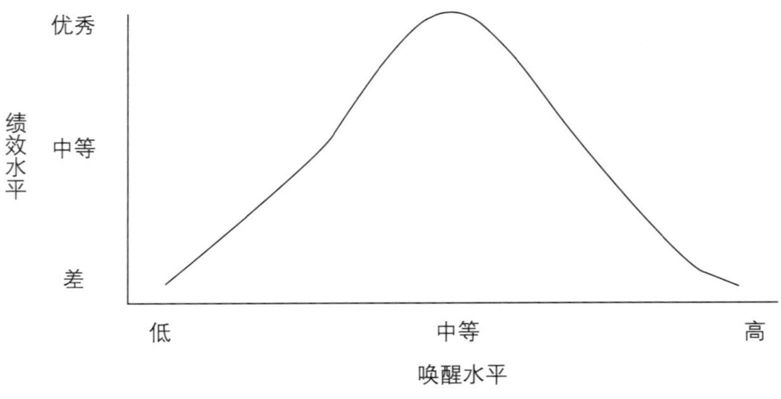

图 1-6　通用倒 U 形唤醒曲线

倒 U 形曲线（inverted-U principle）描述了唤醒水平和人员绩效水平间相对稳定的关系。一般情况下，人的唤醒水平上升时，他的绩效水平也会提高。但是，唤醒水平最高只能达到一个特定点，当人的唤醒水平继续上升，超过了这个关键点（如心理极度紧张）时，绩效水平就会随之降低，如图 1-6 所示。

图 1-7 进一步阐明，唤醒往往具有任务特异性。举例来说，有些任务需要具备较好的动作技巧和复杂的认知能力，如弹钢琴，完成任务的最好状态往往伴随着较低的唤醒程度。但是，一些对认知能力要求较低的大肌肉运动，如举重，则需要较高程度的唤醒水平。篮球运动的倒 U 形弧线处于这两种极端情况之间。由此可见，任何任务都有一个最佳功能区（zone of optimal functioning）（指人们处于最佳表现状态时的唤醒程度范围）。

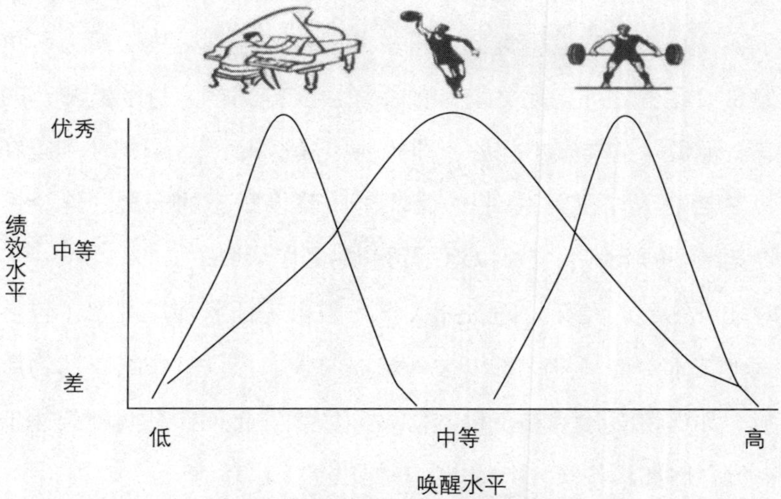

图 1-7　特定任务下的唤醒曲线

高程度的唤醒会增加肾上腺素和四肢血液的供应，激素和供血的增加往往为技巧性的表现带来消极影响，却能给大肌肉运动的表现带来积极影响。因此，当你参加射箭比赛时，你可能很想冷静下来，听一些更柔和舒缓的音乐，但是当你尝试举重时，最好同时播放响亮欢快的音乐。

压力，尤其是高强度的压力，通常表示唤醒程度超出了适当的范围。这些压力往往受时间和任务重要性的共同影响；时间越短，结果越重要，压力就越大。压力过大会导致视野狭隘，或称感知狭隘。感知狭隘（perceptual narrowing）是指随着唤醒水平的增高，人的注意焦点会变得狭窄。

感知狭隘发生时，人容易只关注问题的某一个方面，从而忽略了对于解决问题同样重要的其他方面。过度的感知狭隘在某些情形中会格外危险，如在医院急诊室或在飞机遭遇紧急事故时。事实上，有些飞行员太专注于解决紧急问题，以至于他们忘了继续观察飞机的油位，结果还没等到飞机着陆或成功解决紧急问题，燃油就先被耗尽了。

我认识一个监管核电站控制室的检察员，他解决感知狭隘的办法很有新意。他承认，每次车间发生混乱或事故的时候，他都是集中精力解决那一个问题。但是，在他处理问题之前，他往往会安排其他人持续监测车间整体的运行状态。他说，这样安排之后，即便他“视野狭窄”，只关注到正在发生的问题，也总会有人“视野宽阔”，保证车间整体状态的安全。这个“视野狭窄 - 视野宽阔”的策略完全可以运用到其他工作情境中。

即时任务情境，尤其是附带相关任务需求、任务环境因素（包括需要的工具和其他技术）的情境，可以被理解成向人们提供工作场所的物质环境和社会环境。如医院急诊室和飞机维修站，尽管看起来这是两种截然不同的工作情境，但它们都具备同一个特点——提供了工作环境。

在一个设计合理的工作情境中，其形成的即时任务情境能够有效提高人员绩效水平。反之，如果工作情境设计得不合理，则会带来负面影响。因此，工作情境很重要。这就解释了为什么工效学和人因工程学这两个学科这么重要——它们都希望通过改善工作安排和工具设计，提供更好的工作情境，创造一个生产率更高、更可靠、更安全的工作情境。

在某些情况下，一个设计不合理的工作情境（也称恶性情境）可能会导致人们工作的失败，第三章会更详细地讨论这一点。设想一下，你是中央报警站（CAS）的一名操作员，负责监控与安全相关的视频和警报。当你在视频显示器上看到一些可疑内容或者听到了警报时，你一定会做出反应，指挥巡逻的安保人员采取措施。

现在继续设想，这些安全警报器长年累月地出问题，下雨时它响，刮风时它响，小虫小鸟触碰时它也响，好像什么东西都能拉响它。你已经在这里工作五年了，处理了成百上千次的错误警报，从没有一次是真的。这样一来，每次警报响的时候，你就“知道”了那是错误警报。尽管警报响起的时候，你还是会立刻联系每个环节的安保人员来调查是哪一只警报铃响了，但你并不会要求他们闪电般地回复你。

有一天，真正的警报响了，可你还是惯性地认为它是假的——这是你工作了几年后，产生的惯性思维。你没有闪电般、紧急快速地做出反应，于是一场真的安全事故发生了。

很不幸，这类小说情节般的故事真实地发生过。如上文所述，设计不达标的工作情境（如这个例子中的警报铃）往往会导致所谓的认识性错误。因此，正如人们可以积极或消极地影响工作情境一样，工作情境也可以积极或消极地影响这群人，他们的关系是双向的。

在深入理解这个模型后，我们会发现这模型越来越复杂，主要是因为这个模型中的层与层之间、层内各元素之间有了越来越强的交互性。人员绩效的失败可能不像图表中所显示的模型那样，被单个因素影响那么多，而是被一些因素以人们始料未及的方式结合起来，共同作用造成的。

绩效结果评估

模型最后一层展示的是执行既定任务所达到的最终绩效水平。如图 1-8 所示，任务完成后产生的绩效水平可能被接受，也可能不被接受。

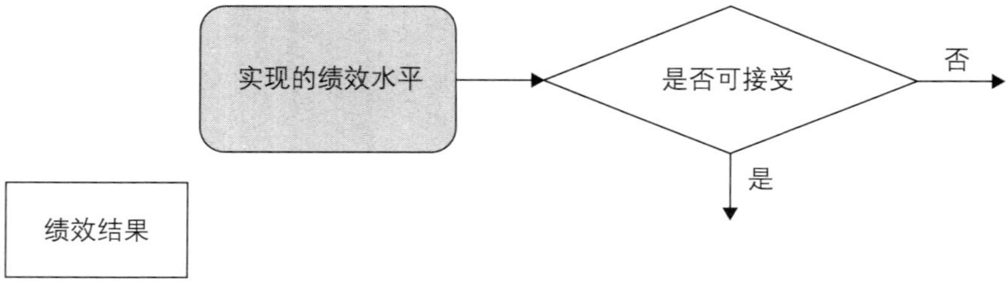

图 1-8 绩效结果层级

如果没有一个事先制定好且合理实施的绩效考核制度，绩效结果的“可接受”程度就是很难决定的。但有趣的是，无数公司想尽办法定量评估组织内的每件事，却唯独忽略了对人员绩效结果的评估。衡量员工绩效水平的方法大多还停留在过去的手段上，这些方法一般采取基于“表现”的年度评估形式，往往过于主观。定量评估人员绩效是有意义的，完善的评估不仅能帮助管理者客观判断员工表现是否达到了能被接受的水平，还能在未达到要求时，分析出是哪一个环节出现了差错，回答“为什么没有达标”的问题。

如果一项绩效水平是不达标的，那么下一步就是找出原因。如果基于我们上文已讨论的模型（接下来的章节会继续拓展），想要分析和改进人员绩效方面的问题，必须首先从以下四个方面入手。

1. **任务分析**（task analysis）。分析人员绩效时首先应该思考的是，人们是否真正知道以下问题的答案：为了顺利完成任务，必须做什么？如何去做？需要什么工具和资源？需要满足什么样的条件或特定要求？想要回答这一系列问题，首先要分析任务（关于如何分析的问题将在第四章中详细论述）。了解了任务的基本元素、相关要求（包括可能规定的时间限制）和现场与周围的工作情境后，我们才能更精准地掌握顺利完成任务所需的能力和技能。可惜的是，很多时候人们并没有进行这样的任务分析。相反，出现问题时，人们最先注意的是任务执行者的“错误”。

2. **任务设计**（task design）。提高人员绩效最简单的方法之一是集中精力尝试重新设计任务、任务要求或即时任务情境（如工作环境），而不是关注人本身。在任何环节都要尽可能降低任务的难度，这一点是很重要的。举个例子，一个需要回忆的认知任务要比简单的识别任务更劳神费力，而当识别任务有结构合理的工作辅助（如清单）的时候，执行起来就会更加方便。提供有效的工作辅助以降低工作的脑力要求，进而有效改进人员绩效，是提高人员绩效、提高整体任务完成率非常奏效的方法。同样的道理也适用于显示器、控制装置和用于完成任务的其他工具设计。由此看来，如我们前文所讲，正因为工效学、人因工程学等学科能更有效地设计任务情境和各种工作工具，因此它们在人员绩效改进方面有很大的理论价值。
3. **人员选拔**（personnel selection）。在对任务进行了更深刻的分析后，我们理解了任务需求，改良了任务设计，认识到成功完成任务必需的能力和技能。接下来，我们需要知道我们是否挑选了正确的人来完成这个任务。判断某个人是否有完成任务必备的能力和技能很关键（当然在恶性事故调查中，这一点就很不幸了）。尽管我们需要认可并尊重个体差异，但是在某些情况下，我们有必要认识到不是每个人都能胜任工作的，因为有些人或先天能力欠佳，或后天训练技能不足。这样区分别人并不能说是歧视，而是现实社会的需要，是甄别出最有可能胜任工作的人的需要。
4. **培训与发展**（training and development）。即便一个人具备胜任某项工作的天赋，他仍然可能缺少执行该工作所需的必要技能和实践经验。在这种情况下，额外的培训和练习将大大提高工作成效。不过需要注意的是，永远不能把训练看成“灵丹妙药”，而许多机构并没有很好地认识到这一点。虽然培训和相应练习产生的效果不可否认，但其前提是，需要解决的问题只受培训和相关练习的影响。有些人缺少完成任务的必备天赋，再怎么训练也无济于事。除此之外，许多技能容易退化，需要持续练习，使其保持在一定的水平。为了维持有效的人员绩效，就必须不断打磨这些技能，这与在起步阶段发展新的技能同样重要。

总之，就像图 1-9 中人员绩效的综合宏观模型所展示的，成功的人员绩效

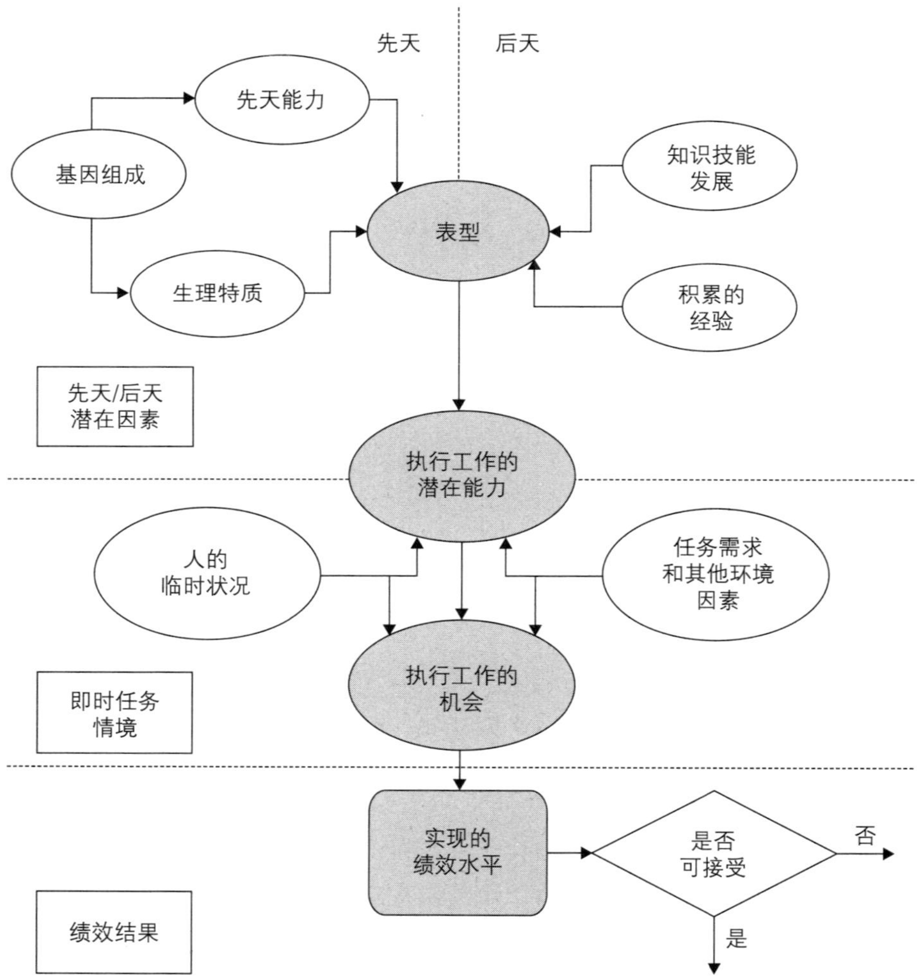

图 1-9　人员绩效的综合宏观模型

取决于众多彼此依存、相互作用的系统元素，这些元素构成了这个模型。如该图所示，人员绩效不仅受先天基因和后天习得技能的影响，也受即时任务情境自身特点的影响，所有因素相互作用，且结合形式复杂多变。因此，组织要想改进人员绩效，管理者务必将所有这些变量考虑进去。许多情况下，与容易犯错的执行者相比，设计简陋、经不起推敲的工作系统更容易导致人员绩效改进的失败。因此，工作场所中所有能够积极或消极地影响人员绩效的因素都应该得到重视，这一点非常重要。

LEAN HUMAN PERFORMANCE
IMPROVEMENT

第二章　微观人员绩效模型：感知、认知和行为

第一章展示了人员绩效的宏观模型，在建立模型的过程中我们发现，成功的工作绩效取决于众多不同的系统元素。正如第一章中描述的，绩效不仅受到先天基因和后天习得技能共同塑造的表型（生物体可观测的性格特征）的影响，还受到不断变化的即时任务环境的影响，这些因素彼此之间以一种高度复杂且相互独立的方式相互发生作用。第一章介绍的一个重要发现是，最初的人员选拔往往会成为影响随后绩效表现（包括个体实际的可训度）的关键“先决因子”。此外，相对于容易犯错的人，设计简陋、质量低下的工作系统更容易导致人员绩效失败。

我们也可以从微观的视角审视人员工作绩效。从个体任务的层面来看，无论是何种任务类型或任务情境，人为绩效都涉及不同程度的感知（perception）、认知（cognition）和行为（action）。图 2-1 所示的“感知—认知—行为”循环向我们展示了即时任务层面人员绩效的基础构成。同样，失败的人员绩效（包括人为错误），往往是由某些感知、认知或行为的错误导致的。

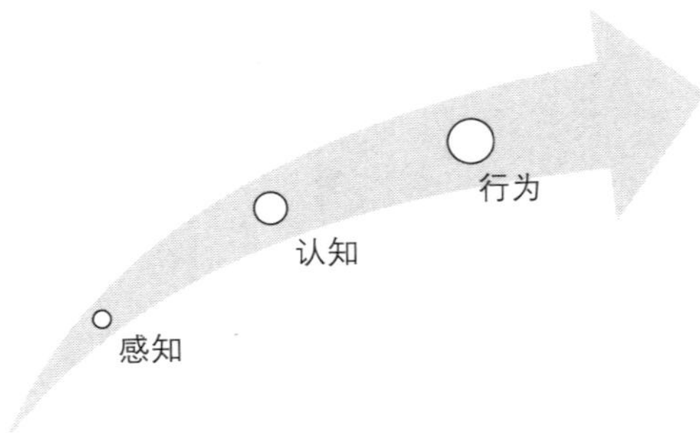

图 2-1　感知—认知—行为（PCA）循环

为了理解“感知—认知—行为”循环，请按顺序完成以下四个任务。

1. 举起你的右手。

2.

3.@#%！ $*（^%#!~%$^&**%$*+=（%^#@

4.30 秒内完成 742 个单手俯卧撑。

接到这四个任务后，你是怎么做的呢？我确信，几乎所有人都成功完成了第一个任务，大家举起右手。不过当你读到第二个任务时，你可能认为我漏掉了什么，因为它的后面没有任何指示。看不见指示，你就不知道该做什么。接下来，尽管你确实在第三个任务中看到了一些字符，可是它们一点意义也没有，你可能会怀疑这是印刷错了。最后是任务四，你确实看到了文字而且能理解它们，但你也意识到完成这项任务对人类来说是不可能的，没有人能在 30 秒内完成 742 个单手俯卧撑。

这里的每个任务都包含了一个或多个“感知—认知—行为”循环（PCA 循环）因子，我们接下来将展开论述。

PCA 循环的构成

如前所述，PCA 循环由感知、认知和行为构成。

感知，表示的是察觉（detecting）、组织（organizing）和诠释（interpreting）感官信息的过程，它使人类能够识别即时环境中有意义的物体和事件。感知到的结果常以感觉输入（“刺激”）的形式被传送到大脑，再进行下一步的认知加工。由于上文的第二个任务没有任何纸面文字，所以没有感觉输入或刺激被传送到大脑中作下一步加工，PCA 循环在开头的“P”处就终止了。

认知，包含了和思考有关的所有心智加工活动，如了解、推理、记忆、交流等，它包含了理解、决策和行动策划的方方面面。我们可以把认知理解成大脑的活动。在第三个任务中，尽管你感受到了刺激，但它是没有意义的，因为你并不能理解它。因此，你无法计划或决策下一步的行为。在这个任务执行失败的案例中，属于有感知但没认知的一环。

行为，包含了身体的实际物理活动，如运动（由腿发力），或操作某物（用手控制），它是对感知和认知的物理反应。我们很难直白地“看”到某人感受到了刺激，也很难“看”到某人对当时所感进行心智处理的过程。因此，在一般情况下，行为是 PCA 循环中唯一可以观测到物理变化的部分。

作为人类，我们的能力是有限的，因为有些行为仅靠我们的身体是无法完成的。如上文中的第四个任务，你很快通过感知和认知认识到人类不可能在 30 秒内完成要求的身体运动。由此可见，掌握人类身体局限性的知识，可以使我们更好地设计工作环境和“更容易操作的”任务要求。

你有时会在心理学的教科书中，尤其是早先出版的书中，看见带有连字符号的表达，如 S–R。“S”代表了刺激（stimulus），我们的模型称之为感知；“R”是对这个刺激的反应或行为。S 和 R 中间的连字符代表了介于接受的刺激和做出的反应之间的认知加工过程。心理学家，尤其是那些主要研究大脑加工信息过程的认知心理学家，往往认为真正有趣的东西“在连字符里”。对于人员绩效而言，S、R 和连字符都很重要。因此，管理者要做的，是更好地理解感知、认知和行为三者是如何结合并产生熟练技能的。

在展开对 PCA 循环的讨论之前，管理者有必要了解一下什么是“技能”（skill）。PCA 循环的理念在于，成功的工作绩效来自于熟练的技能。

高绩效源于熟练的技能

如第一章所述，技能（skill）代表了才能（capability），它是经过训练产生的、达到预期绩效结果最稳定而又消耗精力和时间最少的能力。请记住，尽管能力（ability）由基因决定，具有稳定、持久的特征，技能却是后天习得的。因此，我们并非生来技艺精湛，而是后天学习使然。才能是人们通过后天学习实践能够改变的属性，它代表了一个人成功完成任务的可能性。

举例来说，手指灵活弯曲是我们每个人天生具备的能力，操控键盘乐器则是后天习得的技能，而操控键盘乐器必须以手指灵活这一天生能力为前提。有能力的键盘手可以成功操控键盘乐器，掌握这项工作的前提是他既有天生的能力，又在后天习得了技能。因此，能力是技能的基础。

技能一般分为认知技能（cognitive skill）和运动技能（motor skill）。施密特和里斯伯格在定义认知技能时指出，任务执行者想要取得成功，他在采取行动前所做出的决策是首要因素。因此，认知技能是一种强调“知道做什么”的技能，以下棋为例，棋手需要具备的就是认知技能。

运动技能关乎任务执行者做出的身体运动，这些运动的质量（往往也包括速度）是取得成功的首要因素。运动技能强调的是“怎么能做好”，如参加跳高比赛的运动员就是在展示其运动技能。

运动技能可以根据环境的可预测性进行进一步划分。封闭式技能（closed skill）就是在可预测的、稳定的环境中表现出的运动技能，这种任务环境允许执行者提前设计他们的运动（如体操或高台跳水运动）。

开放式运动技能（open motor skill）则是在不可预测的、变动的环境中表现出的运动技能。开放式运动技能要求执行者对变化的环境做出反应，并随时调整动作。拳击、摔跤和足球比赛都具有这种不可预见性。

在一个封闭式的技能环境中，环境是静止的，只有人在活动，这种环境允许执行者提前设计动作；在一个开放式的技能环境中，环境是动态的，执行者必须运用感知能力和决策能力，对接收到的环境信息进行加工，在较短的时间内调整自己的动作。

此外，施密特和里斯伯格指出，我们也可以根据任务结构对运动技能进行分类。在运用分立型技能（discrete skill）的场合，人执行简短的动作，它具有清晰的起始点和终止点（如抓、踢、投球或打枪）。一个个独立的分立型技能也可以组成一个序列技能。

序列技能（serial skill）是一种由若干分立型技能按某种顺序连接而成的技能组合。其中，运动的组合顺序对能否成功完成任务十分关键（如艺术体操运动）。以开车为例，人们在使用手动变速器换挡时，一定要在换挡之前踩下离合器踏板，如果顺序弄反了将会导致变速器或离合器受损。人在教授序列技能时，往往需要把技能分解为一些独立的部分，待执行者逐个掌握后再将这些部分组合起来，直到执行者能够成功完成完整的序列技能。

最后是连续技能（continuous skill）。在连续技能中，人们以连续的形式开展运动，因此难以辨别运动的起始点和终止点。包含连续技能的运动有游泳、跑步和滑冰。

技能还可以被分为认知－运动技能（perceptual-motor skill）和心理运动技能（psychomotor skill）。这些技能既涉及认知，也涉及行为。心理运动技能是指知道做什么并且能亲自完成它的能力，如芭蕾舞演员一定要知道怎么跳舞、以什么顺序完成舞蹈（跳舞套路的认知部分），还必须掌握必备的运动技能，以便成功地表演完整优美的芭蕾舞。幸好，经过练习后，很多心理运动技能变得高度自动化了，它们已将认知和行为融为一体。事实上，当我们观看芭蕾舞表演时，我们更多的是关注心理运动表现中的运动部分，我们甚至不会感受到其中的认知部分。

对技能更恰当的分类方法是根据感知 / 认知因素（即“知道做什么”）和运动因素（即“怎么能做好”）在执行任务中发挥作用的程度来划分。如图 2-2 所示，以运动为主的技能最大化了运动控制的过程，而最小化了决策过程。相反，认知技能支配的活动（如下棋）最大化了决策过程，而将运动控制降至最小。介于两者之间的技能，如开车或担任橄榄球队的四分卫，则兼顾决策制定和运动控制。

图 2-2　运动－认知技能连续体

掌握了这些关于技能的知识，管理者就能更深刻地理解 PCA 循环及其与人员绩效的关系，不过在此之前，我们首先要从生物和心理两个层面来理解人员绩效。

从生物和心理层面理解人员绩效

如哈伯所述和图 2-3 所示，感知、认知和行为包含了感觉（产生感知）、心智加工（产生认知）和行动（产生行为）。在这个生理－心理模型中，感觉、心智加工与行动三部分通过神经系统连接在一起，这些通过神经传递的信息和信号也构成了一个子系统。尽管图 2-3 描述的是一个连续循环模型，但要强调的是，模型中还存在其他没有画出的反馈回路。

此外，感觉、心智加工、行动和神经信号并不是独立分离的。相反，它们高度融合、相互依存。很多人认为我们仅用眼睛就能“看见”东西，实际上，看见东西需要眼睛、大脑和连接脑－眼的视觉神经共同作用。如果没有视觉神经的连接，我们就看不到东西。

理解了这种相互关联的本质后，我将详细解释图 2-3 的组成部分，它们自成一体，但彼此相连、相互依存。

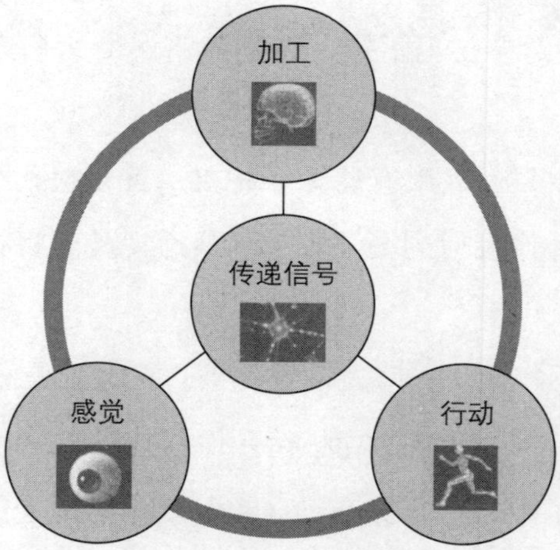

图 2-3　感觉—加工—行动—信号整合模型

感觉——PCA 循环的初始阶段

感觉是指察觉外在的刺激或信号，是 PCA 循环的初始阶段。由于人们通过感觉（视觉、听觉、味觉、触觉和嗅觉）来认识外部环境和现实世界，所以感觉就是人们获取需要加工的信息的主要方式。如果信号不能被察觉或感知到，它就不可能被传输到大脑中，心智加工也就无从谈起了。因此可以说，我们的感觉决定了我们能够加工信息的范围。

几乎每种生物都有一个主要的感觉系统，例如，海星、水母、海葵主要依赖触觉；蝙蝠、兔子、鼩鼱主要依赖听觉；狗、熊、大象主要依赖嗅觉；猿、猴和多种鸟类则主要依赖视觉。

人的主要感知系统与猿、猴相同，都是依赖视觉（尽管在工作环境中，我们很大程度上也依赖听觉和触觉）。相比其他感知方式，人们的视觉可利用大脑更多部分的更多细胞来加工、传输信息，这一点证明，视觉系统在感知系统中占主导位置。因此，人们在认识环境时，往往信奉“眼见为实”。

例如，医生在手术的最后阶段将外物遗落在病人的身体中，这种错误可能会引起非常严重的术后并发症。由于眼睛看不见遗落的物品（缺乏视觉感知），医生意识不到自己犯了错，而这种错误会给病人带来无尽的烦恼和痛苦。

从视觉的原理出发，人眼有些像照相机：首先瞳孔吸收光，随后晶状体聚焦这些光，形成物像投射到视网膜上，最后视神经将视网膜上呈现的物象传输到大脑。

人们的视力各不相同，一些人未经矫正的视力就是标准的 2.0，另一些人却只能通过戴眼镜、隐形眼镜或做眼睛手术才能达到 2.0 的视力。

爱泼斯坦介绍了眼科学家路易斯 · J. 罗森鲍姆博士的精彩著作，该著作描述了职业棒球大联盟的运动员们非凡的视力。那些每天都参与训练，或者常常在内野或外野击球的运动员的视力尤其好，所以他们能够击中快速飞行的球。

我们大多数人的眼睛近视（myopia）或远视（hyperopia）。近视者的眼睛过早地聚焦了光线，因此他们能看清离得近的物体，看不清距离远的物体；远视的人则相反，他们的眼睛聚焦光线较迟，这使他们能看清远处的物体，却看不清近处的物体。

色盲是视锥细胞较少或缺失导致的，这些视锥细胞可接受蓝色光（波长短）、绿色光（波长中长）和（或）橙色光（波长更长）。

我们的耳朵也承担了大量的感觉工作。声音（我们能听到的）在空气中传播，通过改变传入耳中的气压而被人们听到。我们察觉声音的能力取决于声音的强度、音量和频率。高频率声音的音调更高，低频率声音的音调则较低。正如视觉神经将视觉图像呈现给大脑一样，声音是通过听觉神经传递给大脑的。事实上，我们的所有感觉系统（包括触觉）都与大脑紧密相连。

随着年龄的增长，我们收听高音调声音（如鸟鸣声）的能力会逐渐退化，随着听力继续退化，我们慢慢也会听不到低频率声音了。

“听”往往意味着我们的耳朵需要积极调整到选定的声音频道，同时排除掉不需要的声音。不能做到这点的人很难在嘈杂的环境中交谈。这种无法辨别不同声音的症状叫作鸡尾酒会综合征（Cocktail Party Syndrome，CPS）。这种现象很常见，约 20% 的人都患有鸡尾酒会综合征，而且这种症状不分年龄和性别，几乎均匀地分布在各种人群里。

在大多数工作场景中，嗅觉并不是主要的感觉方式。但嗅觉却是人最早发育成熟的感觉，这种先天的嗅觉能力能够帮助新生儿找到母乳的位置。同样，“坏”气味如烟味，则警告人们潜在的危险。据研究，闻到某种气味一年后，我们回忆起这种气味的精确度能达到 65%，但是我们能够回忆的视觉信息的精确度在短短三个月后就降到了 50%。

大多数患有白化病的人与动物的嗅觉能力存在缺陷（称为部分嗅觉缺失）。对于许多生活在野外的动物来说，部分嗅觉缺失降低了它们的存活概率，这也就解释了为什么自然界中患有白化病的动物比较少。

人类主要通过鼻中的嗅觉器官闻气味。人类的鼻子中有大约 5 百万个嗅觉感受器，相比之下，狗大约有 1.25 亿到 3 亿个。数量庞大的嗅觉感受器使狗能够识别大量气味，它们能识别的气味数量大约是人类的 1 000~10 000 倍。

狗分析气味、加工气味信息所使用的大脑空间达到了人脑对应空间的40倍，对人类而言，眼见为实，然而对狗来说，“闻到”为实。

味觉和嗅觉一样，在工作环境中并不是主要的感觉。可有趣的是，我们对香味或臭味的记忆时间要比视觉刺激的记忆时间更久，也许这就是为什么我们只品尝一口食物就知道爱不爱吃它。此外，味觉在很大程度上受嗅觉的影响，也就是说，闻起来不好的东西往往尝起来也不好吃。

随着年龄的增长，人类舌头上的味蕾开始退化。这就是为什么老人们吃饭喜欢加越来越多的胡椒——他们想品尝到年轻时加很少胡椒就能产生的“感觉”。小孩子的味蕾与老人完全不同，他们对味道过于敏感，尤其是辣味。

触觉和味觉、嗅觉不同，它是工作环境中一个重要的感受器，就像我们在驾驶车辆的时候，我们主要用的就是视觉和触觉系统（伴有听觉）。开车时，我们通过双手“感受”方向盘，接受刺激输入。

尽管身体的任何部位都可以通过触觉接收到相关的信息，但往往起到重要作用的是我们的双手（有时也用脚）。人们在操作手持型工具时，就是通过触觉感知的。事实上，我在电脑上写出这一章时，每次按键我都能感受到对触摸动作的反馈（称为触觉反馈）。然而，这种触觉反馈在平板电脑和智能手机的触摸屏上就不存在了，一些人在这类设备上输入信息时就会感到比较困难。针对这种情况，一些平板电脑和智能手机制造商就利用声音作为触觉反馈的替代品。

在工作环境中成功利用各种感觉，察觉到与任务相关的关键信号并不是件简单的事。例如，人们常常遭受警觉衰减（vigilance decrement）的困扰。警觉衰减是指人们对关键信号保持警惕的能力随时间而退化的现象，它可以表示为一个急剧下降的函数曲线，横坐标表示时间，纵坐标表示能够准确观测到信号的比率。这个急剧下降的曲线也受到呈现信号的数量的影响。图2-4表示了人类警觉衰减曲线。

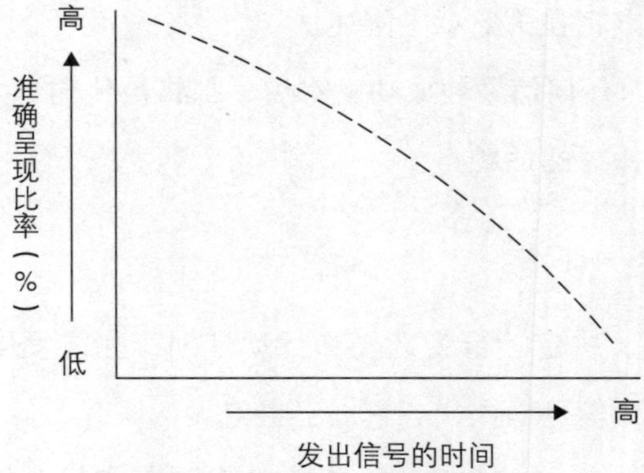

图 2-4 人类警觉衰减曲线

造成警觉衰减的关键因素是人的疲劳，它往往发生在相当短的时间内。为了抵消警觉衰减的负面影响，许多视觉显示器是自动报警的，当某些参数超出了既定范围或临界值时，声音警报就会自动拉响。采用这种显示－报警技术，可以更好地监视关键人物、完成系统监督任务。不过正如第一章所提到的，显示报警技术可能存在警报不实的问题。

在一些情况下，机器是不可能对视觉识别信号发出警报的。以机场为例，用于安检的 X 光显示器就不能发出警报，它需要安检人员监测屏幕，查看每一件通过安检口的行李。为了抵消这种情况下的警觉衰减效应，美国运输安全管理局（TSA）的工作人员会轮流完成这种消耗精力的差事。交替轮班有利于安检人员在工作过程中保持敏感性和警觉性。

总之，我们通过感觉来认识身边的环境。没有感觉，就没有随后的加工过程。相应地，PCA 循环的一切都始于人们感知事物的能力。一个格外吵闹或繁忙的工作环境或使个体察觉信号变得困难，或使信号强度太低以至于很难检测。这些因素都会产生不利的工作情境，在这样的环境中，劳动者会错过重要的感觉信号。因此，在设计人性化的工作情境时，往往要考虑这些感觉——哪些信号能被发现，它们将如何被发现。此外，许多人犯错误是由于感觉的缺失，这一点将在第七章中阐述。

如图 2-3 所示，任何信号被成功觉察后，都将被传输到大脑中进行心智加工，这就是下一节探讨的话题。

心智加工过程

加工包括理解、决定、行为选择和行动计划，往往发生在接收到信号以后。如果没有觉察到信息输入，心智加工也就无从谈起了。

心智加工主要是指大脑的活动。人类的大脑着实是个值得关注的人体器官，关于大脑说法有如下一些。

- 在所有生物中，人类的大脑重量占身体比重是最大的（约 2%）。
- 成年人的大脑大概有 3 磅重（约 1.36 千克），其中男性和女性的大脑大小略有不同。新生婴儿的大脑约有 0.8 磅重（约 0.36 千克）。
- 大脑的表面像核桃一样有褶皱。由于有血液流过，所以大脑的颜色接近粉色。它的大小和甜瓜差不多。
- 大脑位于头盖骨下面，与脑脊髓液（CSF）直接接触。脑脊髓液既发挥缓冲的作用，保护大脑免受物理伤害，也发挥屏障的作用，抵抗疾病感染。
- 大脑的左半部分控制着人的右半身，反之亦然。
- 大脑的 75% 由水组成，它也是人体中脂肪含量最高的器官。
- 大脑对血液和氧气的需求量非常大，体循环 20% 的血液和 20% 的供氧量都供大脑使用。如果失去这两种重要的供给，大脑就可能遭受到严重的伤害，甚至在几分钟内死亡。
- 大脑中没有疼痛传感器，当你感到头疼时，并不代表你的大脑受伤了。
- 据报告，人的大脑的质量在 30 岁以后开始逐年缩减，每年减少的质量约占身体质量的0.25%。好消息是，经常使用大脑，如学习新鲜的东西，可以生产大脑的新生神经细胞。因此，大脑和人体其他器官一样不用则废。

大脑和神经系统的基础组成部分是独立的神经细胞，即神经元（neurons）。神经元由带有树突或凸起的细胞体组成，树突将信息带入细胞体，轴突再将细胞体的信息传递到另一个神经元、腺体或肌肉。

突触（synapse）是神经元末尾的微小间隙，允许信息从一个神经元传递到另一个神经元。突触位于两个神经细胞相连的地方，或在细胞与肌肉、腺体相连的地方。突触的作用是传输（传送和接收）电化信息。

有迹象表明，阿尔茨海默症的病因可能是神经元或大脑突触传输信息受阻或被血小板阻拦。这种阻塞大概每次会杀死大脑中的一个神经元。也许在未来，人们可以使用纳米大小的、能吞噬血小板的遥控装置对突触进行定期“清理”，来防止血小板扩散对大脑造成的损害。在可预见的未来，我们可能每年都要去看神经科医生，定期清理我们的大脑，就像我们现在每年要找牙医洗牙一样。因为大脑中没有痛觉感受器，所以这个过程是无痛的。

科学家推测人体内约有10 000亿个神经元，其中大脑中就占了1 000亿个（有趣的是，据推测人脑中左半球大约比右半球多1.86亿个神经元）。在妊娠早期，胎儿体内的神经元以每分钟25万个的数量在增长，因此孕期护理对胎儿的神经系统发育非常重要。孕妇嗜酒和吃药会对胎儿造成非常不利的影响，这些刺激物会影响胎儿神经元的正常发育。

人脑中有两个半球，分别是右半球和左半球，每个半球控制人体对侧的身体运动。这就是为什么中风在影响右半脑的同时会影响左半身。此外，大脑的两个半球分别执行独特的认知和感知任务。

大脑左右两个半球由大量成束的纤维分开，这些纤维叫作胼胝体（corpus

callosum）。尽管很多人常有“右脑支配”或“左脑支配”这样的表达，但事实上，大脑正常运作和加工信息既需要右脑，也需要左脑。没有人真正仅靠右脑或仅靠左脑支配。

大脑的主要结构包括大脑皮层、小脑和脑干。脑干是大脑中最原始的部分，它由一组位于大脑深处的结构体组成。脑干有利于维持体内稳定（homeostasis），从而使大脑自主发挥作用，如调节呼吸、心率、血压等。

小脑负责监督和调控运动行为，尤其是身体的自主运动。尽管小脑只占大脑全部重量的 10%，但它包含的神经元比大脑其他地方加起来的都要多。

人员绩效学科最感兴趣的还是大脑的最外层，即大脑皮层（cerebral cortex）。霍金斯描述说，大脑皮层绝对是大脑中非常有智慧的一个部分。尽管它只有 0.25 英寸厚（约 0.63 厘米），全部展开也就和一张餐巾纸差不多大，它却包含了大约 100 亿个紧密填充的神经元。

大脑皮层被分为 4 个主要的脑叶，即额叶、顶叶、枕叶和颞叶，这 4 个脑叶是人体最终的信息加工中心。你我之所以会成为今天这个样子，很大程度上是由我们个体的大脑皮层和所有储存在其中的回忆及经历决定的。

大脑额叶（两个脑半球各有一个），位于大脑皮层中紧挨前额的位置，也是大脑皮层结构中最大的部分，占了整个大脑皮层的 41% 左右。它是人类进行高级认知运作的主要场所。额叶主要与说话、肌肉运动、制订计划和做出判断有关。

顶叶（占大脑皮层的 19%），位于大脑靠头顶的位置，在额叶后面。顶叶的功能是通过“感觉”环节的信息输入，接收感受触觉和身体位置。这样感知到的输入又让我们形成对所处环境的连贯印象。

枕叶（占大脑皮层的 18%），位于大脑后面的位置。这部分脑叶是大脑最初的视觉领域，它们通过视觉神经接受从视网膜传来的视觉信息。因此，“看”不仅需要眼睛和视觉神经，还需要枕叶中加工视觉信息的部分。在某些情况下，若后脑受到强烈敲击，如摔跤时后脑勺先着地，也会暂时影响视觉。

颞叶（占大脑皮层的 22%），大致位于两耳上侧的位置，包含大量的子结构，其功能包括感知、面部识别、物体识别、记忆获取、语言理解和情感反应。颞叶也包含听觉区域，每个颞叶接收对侧耳朵的听力信息。因此，进入右耳的声音实际上是在大脑的左半部分加工的。

还有一种非生物学的方法可以用来理解大脑在 PCA 循环中发挥的作用。我们可以将大脑看作非常复杂的信息处理单元，它的工作过程在某种程度上和电脑加工信息的过程很像（不过这个类比仅止于此）。在这种信息加工的视角下，大脑接收各种感觉输入，随后神经系统将行为信号传递给身体肌肉。尽管我们已有的信息加工模型样式各异，它们也有一些共同的特征，如图 2-5 所示。

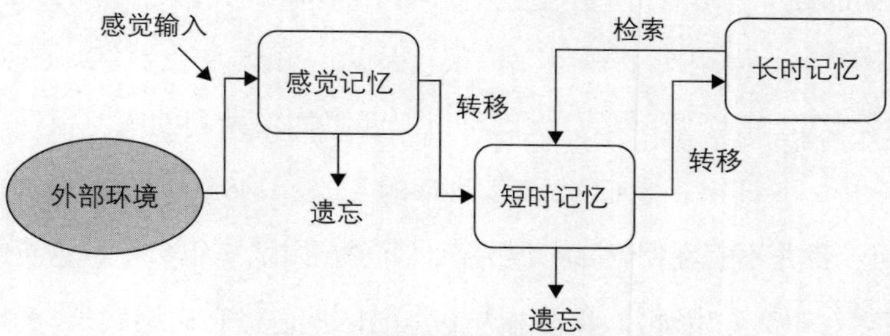

图 2-5　信息加工的简单模型

图 2-5 中，环境中的信息（代表了感觉输入）首先进入感觉记忆（sensory memory），即记忆系统中对感觉信息即时、简短的记录。大多数信息立刻就会被忘记，不过有些感觉输入会被传递或编码，进入我们的短时记忆（short-term memory）。编码（encoding）是指进一步加工信息，将其融入记忆系统的过程。

很多进入短时记忆的信息和感觉记忆一样，很快会被忘记。短时记忆也被称为工作记忆（working memory），它是临时被“激活了”的记忆。这些记忆会暂时存放一些信息条目，但很快会被遗忘，如打电话时暂时记住的电话号码。

1956年，普林斯顿大学的认知心理学家乔治·A.米勒发现，一般情况下，人们可以利用短时记忆正确记住7条信息（上下浮动2个）的顺序。这一发现被称为米勒七定律（+/-2）。这就是电话号码是7位数、邮政编码是5位数、社保号码是9位数的原因之一。

增加短时记忆容纳信息数量的方法之一是组块（chunking），即将条目组织成熟悉的可掌握的单位。组块一般自动发生，如我们家庭的电话号码包含区域号码、3位前缀号码和4位附加号码，也就是（xxx）yyy-zzzz。这一共是10个数字，但我们一般不把自家的电话号码记成10位数字串，而是记成3个数字“块”。

读下面的数字，然后马上闭上眼睛背出来：1492177619331949199420012014。一共28位数字，你记对了多少？你很可能记住了5~9位数字。然而我可以很轻松地回忆起28个数字，每次都可以。我是如何做到的呢？很简单，这串数字代表了一串日期，它们对我有独特的意义：1492-1776-1933-1949-1994-2001-2014。我并不是在回忆28个数字，而是在回忆7组数字，这正是运用了米勒七定律（+/-2）。因此，若想增大工作记忆量，将它们组块是一个好方法。

在某些情况下，信息会从我们的短时记忆中转移到长时记忆，被永久存储起来（往往是复述导致的）。长时记忆（long-term memory）是指相对持久的、无限制的记忆库，它存储我们所有的知识、技能和经验。我们可以检索到的，正是这些被存储下来的信息。检索（retrieval）是从记忆存储中“提出”或取得信息的过程。很多时候，我们记不清一些事情，并不是永久记忆出了问题，而是提取的过程出了问题。

学习、重复和长期的训练能够使信息存储高度自动化。例如，当我们开车遇到了红灯时，我们好像自然而然地就知道该做什么（刹车）、怎么做（把脚从油门上离开，踩住刹车）——我们并没有认真“思考”过它。这个自动化的行为就是学习和长期驾驶训练产生的结果。在描述军事特训中直升机飞行员的非凡技术时，作者马克·鲍登完美地捕捉了这种自发行为，他写道：“他们能如此熟练地驾驭驾驶舱中迷宫一般的电子操作器，似乎这些行为已经被他们内化成了本能”。

相对而言，新手司机（尤其是年轻驾驶员）在驾驶时容易发生危险，原因之一正是他们的某些驾驶技能还没有实现自动化。也就是说，驾驶车辆还没变成“本能”。因此，一些年轻的驾驶员在紧急情况发生时还需要再三思考，才能决定下一步需要做什么。

在随后的章节中，我们有针对性地给出了提高人们信息加工能力的方法，如使用清单和其他认知辅助。此外，许多新兴的“智能”技术能够在心智加工环节帮助人们，弥补人类记忆的局限性。

例如，以前只有座机的时候，我想给约翰·史密斯打电话，我需要在电话本里找他的电话号码，然后将其转至我的短时记忆中，并在我忘记之前正确地拨出他的号码。有时，我在这短短的时间内还是忘记了他的号码，只好再去查一遍。

现在我有了手机，我要做的就是在“通讯录”里面找到“约翰·史密斯”。翻到他的联系方式后，我只要轻轻一按，电话就会自动拨通。有了这样的智能手机，我再也不需要在短时间内记住他的手机号码了。只要我记得他的名字，而且存在手机里的号码是正确的，我只需把他的名字从长时记忆中提取出来，就能轻松地拨打过去。这个例子说明，完成简单任务时，短时记忆是一个可避免的环节。

PCA 循环的最后一个环节是行为，由身体运动体现。不过在讨论这个环节之前，我要先介绍一下连接 PCA 整体循环的成分——神经信号传递。

神经信号传递连接 PCA 循环

为了完成举起右手的任务，你需要：

- 通过视觉神经将感觉输入从眼睛传递到大脑；
- 将“举起右手”的信号从大脑传递到脊髓，随后传入右臂的肌肉中。

这些必不可少的信号传递任务是通过神经系统来完成的。这样一个难以置信的连接系统将 PCA 循环连接成了一个整体。

神经系统（nervous system）是人体内高速的电化学交流网络（信号网络）。它由组成中枢神经系统和周围神经系统的全部神经细胞构成，如图 2-6 所示。

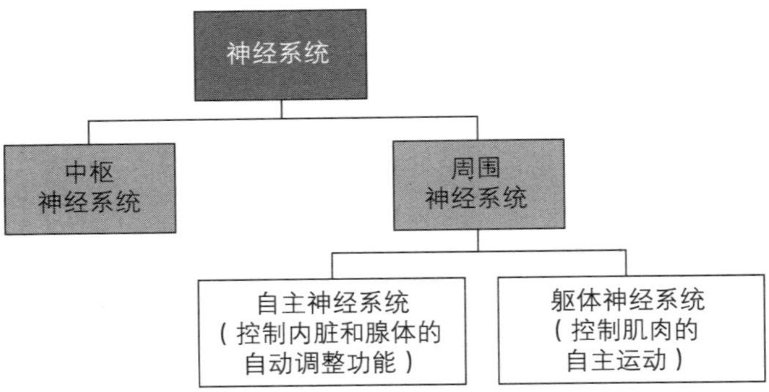

图 2-6　神经系统结构

组成神经系统的基础神经元有两类：感觉神经元（sensory neurons）和运动神经元（motor neurons）。感觉神经元从感觉接收器（如眼、鼻等）接收信息，并通过周围神经系统将其传递到中枢神经系统，运动神经元转而又将来自大脑和脊髓（中枢神经系统）中的输出信息通过周围神经系统传递给肌肉和腺体。我们可以把感觉神经元和运动神经元的这种流动路径想象成一个“封闭回路”，其中接收的感觉信息流入大脑，产生的运动信号则从大脑中流出。

中枢神经系统（Central Nervous System，CNS）包括大脑和脊髓，信号在两者中不间断地进出流动。脑干的下部直接与构成脊髓神经纤维的管束相连，脊髓外面有一层保护鞘，叫作硬脊膜，硬脊膜再往外一层，就是组成脊柱的各种椎骨。每根椎骨中都有一个中空的部分，叫作椎管，而椎骨的排列刚好使椎管组合形成长长的一列，这样脊髓就能完美地存在于脊柱中了。

根据鲍尔斯和豪利的描述，已有证据表明，脊髓本身就有控制某些运动行为的神经，因此它在传递自主肌肉运动的信号方面起着重要的作用。脊柱调整（spinal tuning）的概念就描述了这一机制，通过该机制，自主运动的信号能被“翻译”为对应的肌肉活动。因此，以“举起你的右手”为例，它首先从大脑中被传递出来，随后在通过脊髓时被分解为更详细的指令——很可能就像“肌肉 X，请这样做”“肌肉 Y，请那样做”。

周围神经系统（Peripheral Nervous System，PNS）是位于脊髓和脑外的神经系统部分，它被分为控制内脏和腺体的自动调整功能（如心跳）的自主神经系统（autonomic nervous system）和控制骨骼肌的自主运动的躯体神经系统（somatic nervous system），后者也是我们最感兴趣的。中枢神经系统看起来整齐有条理，而周围神经系统看起来则像一团乱麻，通往四面八方。

周围神经系统的各种神经从脊髓中分叉出来，通向身体的各种地方，从指尖到脚尖，无处不在。我们磕到脚趾或砸伤手指时会感到疼，正是触及周围神经系统相关神经的缘故。

周围神经从脊髓出发，伸展至身体各处。为了容纳它们，相邻的椎骨之间留有一定的空隙，即椎间孔。周围神经从脊髓分叉出来，正是通过这些小孔伸展出去的。因此，脊柱（以及所有相关的脊椎）不仅支撑着我们的身体，让我们可以站立、弯腰和扭动，也发挥着保护中枢神经系统和周围神经系统的重要作用。

感觉信号从周围神经系统传递到中枢神经系统进行加工，中枢神经系统传送出自主肌肉运动的信号，又通过周围神经系统传递到相关的肌肉群。由此看来，周围神经系统的重要性不仅体现在连接感觉子系统和加工子系统（通过脊髓），还体现在连接动作子系统和大脑（也是通过脊髓）。脊髓一旦受伤，会阻断中枢神经系统和周围神经系统间重要信号的传递，这也是严重的脊髓损伤常会导致肢体瘫痪的原因。

总之，我们的神经系统在 PCA 的整体循环中发挥了重要的连接作用。没有这些关键的连接，感觉输入就不能被传送到大脑，大脑也就不可能发出自主运动的指令并将其传递到对应的肌肉群上。此前我提到过，神经系统的一个重要任务就是传递自主运动的信号，在下一节，我们将会继续讨论这个问题。

行动——PCA 循环的最后一步

感觉输入通过神经系统被传递到大脑，大脑对这些信息进行加工后，下一步往往是决定“做什么”，这也是 PCA 循环的最后一步。在多数情况下，这要求人移动身体的一些部位。

人的动作有两种基本类型，即大幅度运动动作和精细运动动作。大幅度运动动作（gross motor movement）是指相对剧烈的活动中运动者对大肌肉群的控制和协调，如举重和足球；而精细运动动作（fine motor movement）是小肌肉群的协调和控制，需要精准的调整。精细运动动作一般也涉及手－眼协调，如修表和外科手术。如第一章所述，高度唤醒状态往往有助于大幅度运动动作的执行，却为精细运动动作带来了不利的干扰。

人的运动实际上相当复杂，它涉及骨骼、肌肉等，并在其相互作用下完成。

- 骨骼；
- 连接骨骼的关节；
- 控制关节运动的肌肉；
- 携带氧气、为肌肉运动提供能量的红血球。

人体的骨骼框架不仅是身体的刚性支架，还是肌肉活动的杠杆（肌肉活动对人体运动非常重要）。成人约有 206 块骨头，这个数字由于个体差异和年龄增长会发生细微的变化。

以下是关于骨骼的一些有趣的说法。

- 人体中最长的骨头是大腿骨，即股骨，它的重量约为人体体重的 1/4。人体中最小的骨头是耳朵中的镫骨，它大约只有 0.1 英尺（约 3 厘米）。
- 人类和长颈鹿的脖子中椎骨的数量都是 7 块，只是长颈鹿的椎骨要比人类的长得多。
- 骨组织中约 2/3 是矿物成分，其中大多是钙盐，它能使骨骼更加坚硬；约 1/3 是有机成分，它能使骨骼适度伸缩。骨骼不够坚硬就无法成形，不能伸展则容易被损坏。
- 骨骼会受到不同类型的机械压力，包括：
  ——来自身体的重力压力，尤其在人站着的时候；
  ——来自外界物体的重力压力，如某人提重箱子时；
  ——克服阻力产生的压力，如我们尝试举起重物但没有举起来时。

人体中最有趣的骨头之一应该是舌骨了。舌骨呈 U 形或马蹄铁形，位于下颌骨（额骨下方）和喉之间，在舌根下方，主要保护人的气管。舌骨的特别之处在于它是人体骨骼中唯一一个不与任何其他骨骼相连的骨头，既不直接相连，也不通过关节相连。事实上，它的位置是由部分肌肉和一条韧带固定的。我偶尔会看一些侦探小说，所以我知道舌骨有时会与窒息致人死亡案件有关联——如果某人被勒死，他的舌骨通常会发生断裂，这几乎是犯罪的确凿证据。

关节是骨头相连或结合在一起的地方，不同的关节灵活度不同。不过若是没有了关节，骨头也就不能运动了。

人体内有 230 多个可移动的和可半移动的关节。要区分骨骼关节的类型，主要看对应的骨骼表面是如何连接的。举例来说，肩关节和髋关节就是以球窝方式相连接的。在这种连接方式中，一面骨骼类似球状，另一面则类似杯状。这样的结合方式可以使骨头向任意方向移动，这也解释了为什么肩关节是人体中最灵活的关节之一。不过，高灵活度也是有代价的。由于固定在比较浅的球窝里，肩关节也是所有关节中最不稳定的一个。因此在许多身体接触类的体育项目中，肩关节脱臼是最常发生的骨头损伤问题：它太容易脱臼了。

肘关节和膝关节被称为屈戌关节。在屈戌关节中，某一骨骼的凸面表面和另一骨骼的凹面表面以类似钩子的方式连接在一起。屈戌关节只能在同一个平面上移动，即弯曲或伸展。

我们能够扭转脖子，这得益于车轴关节。在车轴关节中，某一骨骼作为被环绕点，充分地迎合另一个环形结构的骨骼。脖子中最靠上的两块颈椎包括寰椎（即第一块颈椎，被命名为 C1）和轴（即第二块颈椎，被命名为 C2），就是以轴形的方式连接的。

手上的骨关节组合在人体中尤为重要，而且是人类进化中非常成功的部分。我们的手能够完成各种任务，无论是精细的（如弹钢琴、穿针线）还是强力的（如抡铁锤、撬瓶盖），都不在话下。事实上，人类这一物种能够在进化中生存下来，在很大程度上取决于我们抓住和操控物体的能力。由此看来，人类确实是使用手工工具的终极物种。

对生拇指（opposable thumb）是人手非常关键的部分。对生拇指受 9 个部位的肌肉和 3 种主要的手神经控制，它使我们能够抓住东西。如果没有拇指，人们会失去很多卓越的能力。

由于手的重要性，大脑皮层的运动皮质中约 25% 的部分是用来管理和协调手部肌肉的。一只手上共有 29 块骨头、29 个关节、123 条韧带和 34 块肌肉。

骨头的作用类似于杠杆，肌肉则是“移动”这些杠杆的“万能发动机”。人体有 600 多块骨骼肌，它们所占的重量约为人体总重量的 40%~50%。人体最大的肌肉是位于臀部的臀大肌，最小的则是位于耳朵内部的镫骨肌。

骨骼肌（也被称作随意肌或横纹肌）附着于骨骼上，它们收缩时可以移动。为了运动，肌肉的一头附着于不移动的骨头上（起点），另一头附着于肌肉收缩时移动的骨头上（附着处）。举个例子，肱三头肌和肱二头肌这种“起点 - 附着”的分布方式，使我们能够弯曲或伸直我们的胳膊。人体中唯一一个没有两端都连接到骨头上的肌肉是舌头，但舌头上的肌肉令人惊奇地强壮。

最后，肌肉运动需要能量，这些能量由携带血红蛋白的红细胞提供。血红蛋白通过循环系统（静脉和动脉）运输氧气，由心脏泵送实现运输循环。一些运动员，尤其是自行车运动员尝试“违规增血”（blood dope）或通过非法输血手段替换自己的一部分血液供给，以增加他们的血液含氧量（血比容）。在长距离耐久性运动中，通过这种方式增加氧气含量可以显著地提高赛场表现（不易疲乏）。

综上所述，运动需要骨骼、关节、肌肉、含有氧气的血液以及周围神经系统传递的自主肌肉信息。尽管“举起你的右手”看起来是件非常简单的事情，它的背后却是非常复杂、互相协调的生物机能系统。

PCA 循环分析

一般情况下，PCA 模型始于外在刺激的感知，终于完成的物理运动。如果企业管理者想要更好地理解并提高员工绩效，可以借助 PCA 循环来思考。

例如，当员工出现绩效问题时，管理者可以根据PCA循环的顺序（与PCA循环相关的其他问题参见第六章）提出如下问题。

1. 一开始是否察觉到了刺激物？如果没有，在当时的工作环境中，员工能否通过显示屏或其他渠道发现问题（该员工是否有能力发现刺激物）？如果察觉到了，是否有足够的时间做出反应？
2. 察觉到刺激物后，员工是否能准确地识别和理解刺激物？换句话说，员工是否具备识别和理解刺激物的知识？
3. 员工是否对刺激物做出正确的判断，并采取合理的应对措施？员工是否知道可以或应该做出哪些决定，是否知道每个决定对应的正确措施是什么？
4. 做出决定后，这些决定是否被及时、准确地落实？员工是否具备相应的能力和技能，是否处在健康的身体状态，是否拥有可能用到的工具，是否拥有足够的时间来实施和持续开展这些行为？

根据多年经验，我发现在解决员工绩效问题，尤其是将PCA循环应用到其上时，这四个问题必不可少。回顾前文提及的墨西哥湾原油泄漏事件中，事故调查报告称："钻台上的钻井队和其他人员错过了井涌发生的重要信号。如果钻井队及时、恰当地采取了相应措施，他们本可以防止井喷，或至少可以在很大程度上降低它的影响。"

PCA循环的这四个问题可以为事故调查者提供非常系统的分析，也能帮助人们更深刻地理解报告中提到的"漏掉了井涌发生的重要信号"这个问题。当时为什么会发生这样的情况？是怎么发生的？这个问题的核心真的在于感知的问题（错过了重要信号）吗？会不会是PCA循环中感知之后的步骤的问题？通过PCA循环理论，我们也许能更好地理解墨西哥湾原油泄漏事件的人为因素。

我们还可以从响应时间的角度理解 PCA 循环模式，这对理解 PCA 循环周期问题大有裨益。关于响应时间的问题，我将在下一节展开讨论。

理解响应时间

很多情况下，成功的人员绩效不仅包括做出正确的决定和行为，还包括在规定的时间内完成工作。也就是说，需要加入任务时间限制来完善 PCA 循环理论。如前所述，理解 PCA 循环的方法之一是理解响应时间。

响应时间（response time）是指从发现刺激物或感知输入到完成行为反馈之间的时间长度。因此，全部的响应时间代表了反应时间（reaction time）和行动时间（movement time），即：

响应时间 = 反应时间 + 行动时间

反应时间是指从发现刺激物到做出第一个运动反应的时间，包括：

- 感知或发现刺激物；
- 识别或评估刺激物；
- 对刺激物做出可能的反馈计划；
- 发起或用信号传递适当的行为反馈。

基于之前展示的"感觉—加工—信号传递—运动"模型，反应时间包括感觉时间、加工时间和神经信号传递时间。

响应反应有单一型和选择型两种。单一响应反应（simple response reaction）只需执行者感知单一的刺激物（如感知比赛中"开始"的信号）；选择响应反应（choice response reaction）则需要执行者对每一种刺激物做出明确的回答（如识别变了颜色的红绿灯，然后正确选择，做出下一步动作）。

例如，用突击步枪向弹出的目标开火，就是一种单一响应反应。但在某些情况下，弹出的目标中夹杂着坏人或好人（人质）的图片，只有坏人才是射击目标。这时射手首先需要区分目标是好人还是坏人，然后采取相应正确的响应（射击或不射击）。在其他条件一样的情况下，选择响应反应比单一响应反应花费的时间更长。

一般情况下，这种时间差异并不显著，但有时它却关乎生命。刑警与可能携带武器的危险人员交锋时，每次都面对这个问题。此刻的黄金法则就是：行动要比反应快。

行动时间（movement time）是指身体从开始执行运动到完成运动的时间间隔。在前面提到的射击例子中，行动时间是指瞄准并开火的时间。

构成响应时间的两个要素的重要区别在于，行动时间可以被切实地观察到，而反应时间只能被推断出来。此外，全部的响应时间展现了一个人的心理运动技能，这既与关键的感知和认知的部分技能相关，又与物理运动部分的技能相关。关于响应时间的研究表明：

- 一般情况下，男性的反应速度比女性快，尤其是在大学阶段（这也是因为这个年龄段的人接受的相关实验最多）；
- 一些细微的证据表明习惯使用左手的人比习惯使用右手的人的反应速度快；
- 越年轻越好——反应速度会随着年龄的增长而变慢；
- 响应时间在开放的环境中尤为重要。在这种情况下，执行者必须对环境的变化做出响应。

有的时候，整个响应时间顷刻间就能结束。在下一节中，我们将以棒球为例，展示人们如何就手头的短期任务，用图表构建响应时间模型以及相关PCA 循环。

用挥棒击球理解反应时间

我们大多数人都能够击中垒球比赛中飞过来的每小时 30 英里（约为每小时 48.28 千米）的垒球，但很少有人具备运动员的能力，能够击中一个职业棒球大联盟投手投来的每小时 92 英里（约为每小时 148.06 千米）的棒球。同样是挥棒击球，为什么在两种情境下结果却会如此不同呢？研究该问题的方法之一就是分析两个比赛中需要的反应时间。

测评的第一步，是制定一个通用的输入－输出“击球”反应时间模型，如图 2-7 所示。注意，在该模型中，最初的输入来自于外界环境，即投出的球；最终的输出是挥棒，其结果可能是击中或漏球。响应时间包括反应时间和行动时间，前者包括感觉与加工的时间和神经信号传递的时间，后者即挥棒的实际时间。现在，我们向图 2-7 的通用模型中加入一些真实数据。

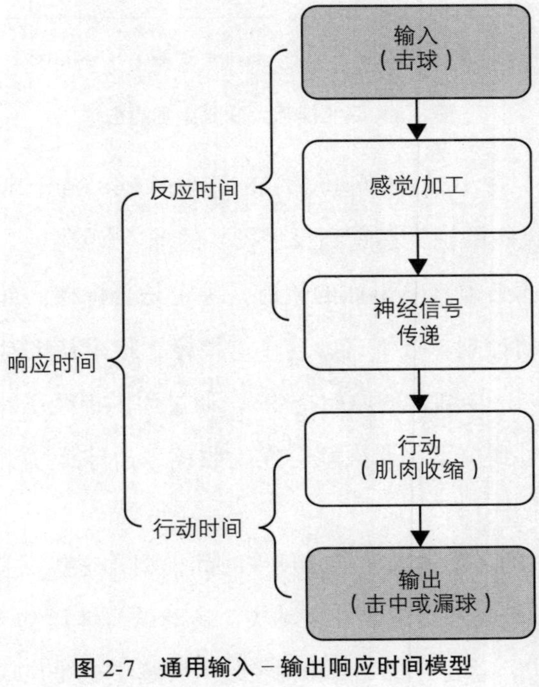

图 2-7　通用输入－输出响应时间模型

如图 2-8 所示，棒球大联盟中投手和本垒的距离是 60.5 英尺（约 18.44 米）。一个速度为每小时 92 英里（约为每小时 148.06 千米）的快球通过这段距离的时间约为 448 毫秒（ms），也就是比 0.5 秒短一点。为了让你更清楚地认识这个时间间隔，可以与人眨眼的时间对比一下，人眨一下眼睛大概用时 300~400 毫秒。

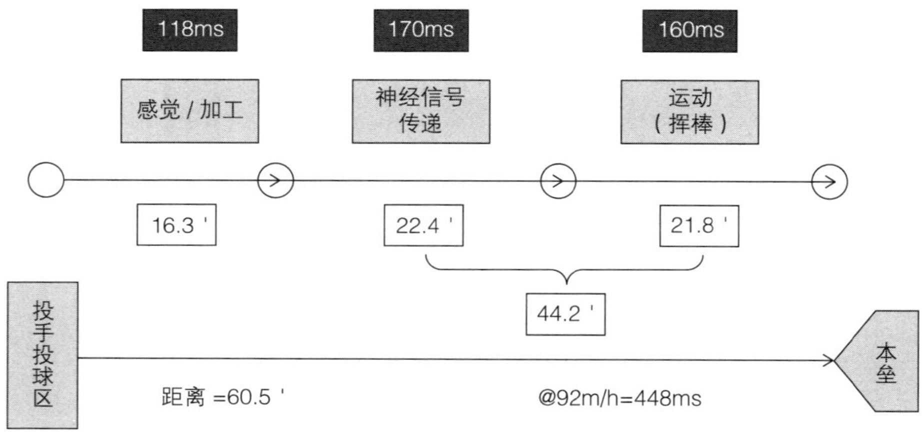

图 2-8 职业棒球大联盟比赛的击球

为了击中这个每小时 92 英里（约为每小时 148.06 千米）的棒球，击球手必须首先用他灵敏的视觉察觉到投手投来的球（刺激物）。随后，基于他的认知加工能力，他必须判断出球的轨道，决定是否挥棒。如果决定挥棒，就要构想所需的运动计划。接下来，这个“挥棒”指令从大脑传送到脊髓（脊髓通过脊柱调整进一步细化的原始指令），通过周围神经系统牵动对应的肌肉群。一旦这些信号到位了，肌肉就会发生收缩，击球运动就真正开始了——但愿最终结果是击中了球。

基于图 2-7 中的通用输入 – 输出反应时间模型，这些反应步骤可以归结为感觉 / 加工类、神经信号传递类和运动类（击球的身体运动），如图 2-8 所示。在这种分类方式中，感觉 / 加工类和神经信号传递类就是反应时间，击球的时间就是行动时间。

通过刚才的工作，我们可以计算相应的时间了。据测量，联盟比赛中的平均击球时间为 160 毫秒，而实验表明神经信号传递需要 170 毫秒。这样算来，留给感觉和加工部分的时间只有 118 毫秒。换言之，以每小时 92 英里（约为每小时 148.06 千米）的速度投出的快球刚刚飞出 16 英尺（约 4.88 米）远［离击球手还有 44 英尺（约 13.41 米）远］时，击球手就需要做出如何挥棒的决定并执行了。如图 2-8 所示，尽管击中以这样的速度飞来的棒球是件非常困难的事情，但真正困难且受到很大时间限制的过程是感觉和加工。此外还需要注意，由于神经信号传递和挥棒的时间是相对固定的，因此，速度超过每小时 92 英里（约为每小时 148.06 千米）的球留给击球手的感知和加工时间更短。这也是为什么击中速度超过每小时 97 英里（约为每小时 156.11 千米）的棒球会极度困难。

相比之下，如图 2-9 所示，在速度较慢的垒球比赛中，投球区到本垒的距离一般是 50 英尺（约 15.24 米），以每小时 30 英里（约为每小时 48.28 千米）的速度飞行的垒球通过这段距离的时间约为 1 136 毫秒。一般的业余选手击球

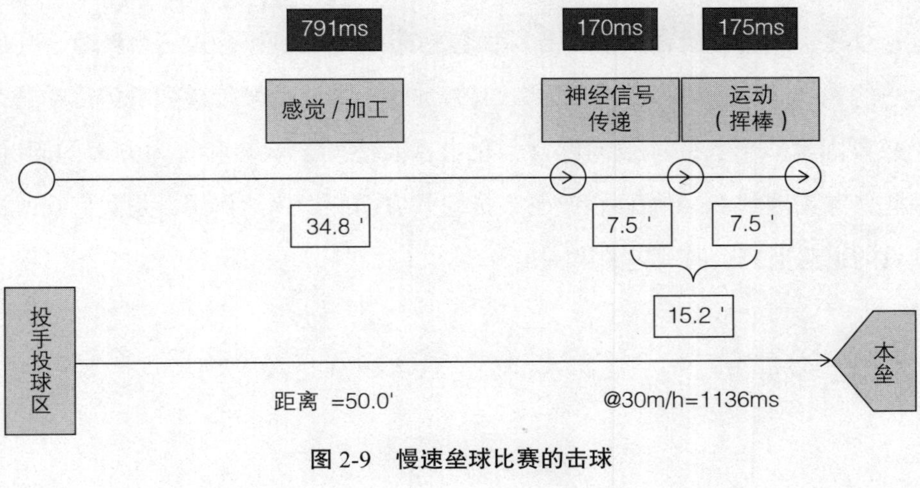

图 2-9　慢速垒球比赛的击球

的时间约为 175 毫秒，神经信号传递的时间仍然是 170 毫秒，这就为感觉和加工过程留下了 791 毫秒的时间。更“充足”的时间意味着击球手可以在垒球被投出约 35 英尺（约 10.67 米）后再做出决定。在真正开始挥棒击球的时候，垒球距离击球手大约为 7.7 英尺（约 2.35 米），正好容易打到。

所以，为什么击中速度为每小时 30 英里（约为每小时 48.28 千米）的垒球要比击中每小时 92 英里（约为每小时 148.06 千米）的快球容易得多？一个重要的原因就在于，慢速击球手察觉垒球、判断球的轨迹、决定是否击球、设计击球的整个过程允许的时间要比快球击球手允许的时间长了近 7 倍。这表明，慢速垒球运动的任务设计本身与职业棒球大联盟的比赛截然不同，相比于后者要容易很多。显然，那多出来的 673 毫秒（791ms–118ms），虽然也只是眨两下眼睛的时间，却造成了截然不同的两个比赛。事实上，正如前文所述，击中速度为每小时 92 英里（约为每小时 148.06 千米）的快球不仅需要击球手具有超出常人的运动能力和技巧，还需要拥有一些独特的生理天赋，包括超凡的视敏度（视力）。

上面这个案例告诉我们，在工作中做出的改善，哪怕只是像“眨两次眼睛”这种微乎其微的改善，也会为人员绩效水平带来成倍的提高。

总之，人员绩效在个体任务层面包括感知、认知和行为三个环节，高度统一的 PCA 循环模型又包括感觉、心智加工、神经信号传递和身体运动这几个必要因素。个人的绩效问题常常也会涉及感知、认知和行为方面的问题。因此，深刻理解 PCA 循环在改善人员绩效方面所发挥的作用，是我们在改进绩效的道路上迈出的关键的第一步。

LEAN HUMAN PERFORMANCE
IMPROVEMENT

第三章　真的是人为错误导致失败吗

如果把工作系统中的表现看作一枚硬币，成功和失败就是这枚硬币的两面，它们之间的差异和界限要比我们想像得小很多。为了理解工作系统故障（往往体现在重大责任事故或代价巨大的质量问题上），我们必须更加深刻地理解人员表现和人为错误对其产生的影响。系统故障几乎总会造成巨大损失，有时还会引发悲剧。如果我们要阻止故障的发生，或最大程度上抵消故障发生后的不良后果，就必须更深刻地理解人员绩效和人为错误。

许多行业一直在与工作系统故障作斗争。如前文所述，在很多情况下，这些故障全部或部分由人为错误导致，如“飞行员操作失误”。有些行业似乎尤为受人为错误的困扰，如医药行业。2012 年 12 月 20 日《华尔街日报》发表了一篇文章，分析了医疗过失的情况，据报道，每年在外科手术中发生的可避免的医疗事故超过 4 000 件。这些事故有的是将物体遗落在病人体内，有的是在健康的身体部位上做了手术，更有甚者是在错误的患者身上做了手术。

据《华尔街日报》那篇文章所述，在某次调查中，研究人员发现 1990 年到 2010 年这二十年间发生的“决不事件”达到了 9 744 件。“决不事件”又叫作“永远不该发生的错误”，是指医疗行业中理论上永远不能发生的错误。这些错误导致了以下后果。

- 6% 的病人死亡；
- 32.9% 的病人遭受了永久性创伤；
- 59.2% 的病人承受了短期的伤害。

“决不事件”各自占以下比例。

- 49.8% 的事故中，将外物遗留在病人体内（医用海绵被遗留的事故尤为普遍，医生有时没能发现它们还没被清除，于是它们就被留在了病人体内）；
- 25.1% 的事故中，手术的执行流程有误；
- 24.8% 的事故中，手术流程是正确的，但做在了错误的身体部位上；
- 0.3% 的事故中，完全弄错了做手术的病人。

显然，手术中这样的错误导致的后果是灾难性的，尤其对于那些病人来说。但是，该如何解决这个似乎格外复杂的“人为”问题呢？尤其在很多人（特别是管理人员）看待人员绩效和人为错误的观点各不相同的时候。我刚进入人员绩效研究领域时，就发现了这种观点上的巨大差异。

事故调查结果带来的疑问

我获得了应用行为研究专业的博士学位后，最早在国家能源部实验室工作，在一个人员因素科研小组内做研究员，负责开展人员绩效的相关实验。此外，我还在核管理委员会（NRC）担任事故调查小组的人员绩效专家（以咨询顾问的身份为 NRC 工作）。

每当公共事业公司的核电站发生事故时，我们的团队就需要在事故发生后的 24 小时内赶到现场，开展正式调查。在现场进行调查的时间大约持续 4~5 天，在完成现场调查、离开事故现场前，团队会与该公司的高层管理人员进行一次简短的正式会面，这次会面的主要目的是为了报告团队初步发现的结果。调查结果经过提炼修改后，形成最终的 NRC 报告。

我对其中一次会面印象很深，那次发生了非常严重的放射污染事故（本章将以此为例详细阐述）。会议开始后，这家公司的一名高级经理宣布了公司内部同步开展的调查结果，他陈述了三点明确的“事实”：

1. 发生这种事故的概率最多只有几百万分之一，即从数据上来说几乎是不可能发生的；
2. 发生事故的“根源”是人为错误，这一点简单明了；
3. 既然事故是由人为错误导致的，错误的“过失者”当然要受到惩罚。惩罚措施包括解雇控制室的相关人员。

在这次会议前，我也记下了一些自己的发现。然而，我的发现和他们公司内部的调查结果截然不同。

- 基于采取人员可靠性评估方法而进行的封底计算，我认为事故发生的概率高得令人难以置信，为 1/3，甚至可能为 1/2。即从数据上来说，这几乎是确定会发生的事。
- 待执行的特定任务、与该任务相关的其他要求，以及任务情境这三者共同营造了一个几乎无法避免错误发生的环境。这种环境几乎从最开始就注定了该工作的失败。
- 管理层不应惩罚与事故相关的人员，而应深刻认识到任务起初的设计和执行任务的环境是如何诱导事故发生的。此外，应该采取前瞻性的措施，防止将来在执行类似的复杂任务时，此类事故再度发生。

离开现场后，我不知道那些被认定为事故制造者的人有没有被解雇。然而，这场事故却提出了一个问题：针对人为事故这个问题，人们的观点大不相同，这些分歧将在下一节进一步讨论。

关于“人为错误”的观点分歧

一些作者将关于人为错误的观点分为“传统观点”和“新观点”。目前看来，“传统观点”在不少组织内仍然盛行。该观点认为，人为错误是故障出现的主要原因，尤其当这些故障又导致了事故的发生。例如，美国总审计局曾在一份报道中指出：“我们的调查报告认为事故的主要原因是人为错误”。

在这样传统观点的范例下，如果想要解释故障为什么发生，就必须找对负责人。换言之，管理者必须找对地方进行批评（让负责人感到羞愧）。或者如德克所说，我们必须发现那些人“不准确的评估、糟糕的决定、违规的行为和错误的判断。”

我发现许多管理人员在采纳这种传统观点时，会严格遵循以下四个步骤。

1. 他们认定造成事故的根本原因简单且单一，并倾向于马上找出原因；
2. 他们随后找出相关人员，指责这些导致事故发生、需要承担法律责任的元凶；
3. 他们还常指责并惩罚相关人员的上一级主管人员；
4. 最重要的是，他们并不理解整个事故发生的情境，也不理解这样的工作情境是如何诱发人为错误的。

诚然，遵循这四个步骤有一些明显的好处。它简单快捷，不需要深入调查，也不需要深刻思考，还能使机构的领导或总监看起来是在与人为错误作斗争。遗憾的是，它对于改善工作系统的效率并没有帮助，更不能提高相关人员的绩效。

此外，我认为这种审视人为错误的传统观点本身就存在巨大的谬误，因为它错误地假定事故一定是由某种单一或主要的原因造成的。他们似乎依靠直觉来寻找这个单一因素，企图找到应为这场事故负责的某个人或某些人。例如，最近网上有一个人很想知道造成日本福岛核事故的“最关键的根本原因”。但事实上，这种“最关键的根本原因”根本不存在，反之，是交错复杂的各种原因导致了这起事故，这些原因相互依存并共同产生影响。

我们还有一种关于人为错误的新观点，有些人称之为“超人为错误”观点。这种新观点认为，人员绩效在很大程度上是由工作系统的情境（与第一章的情境概念相同）造成的。根据这个新的、以情境为中心的理论框架，若想真正理解人员绩效以及人们为什么会以某种特定的方式执行任务（包括犯错），我们就需要理解这种产生人员绩效的环境——工作情境。工作情境包括工具、任务、相关环境要素等。

还记得德克的敏锐观察吗？了解人为错误的关键不在于发现人在哪个环节犯了错误，而在于发现为什么他们的判断和活动（甚至是事后看起来错误的活动）在当时被认为是合理的。这意味着，我们必须尝试真正理解事情发生的情境，那个情境是怎样影响人们做出决定、进行下一步行动的。尽管人们难免会犯错误，但是我们很少故意或蓄意制造错误。

在普勒斯顿和蔡尔德的一部科幻作品中，他们提出了一个极具洞察力的发现。他们写道，一些公司“很早就认识到，理解失败的关键在于理解人类究竟是怎么发生错误的，当错误与工作系统的环境相关时更是如此”。我们也会在随后的章节里就这一点进行充分探索，不过，在结束本节的讨论之前，我们还是先看看阿图·葛文德对人为错误的见解，这将帮助我们更好地理解它。

葛文德主要的研究方向是医疗错误。他在书中指出，理解“无知”和“不称职”的区别是很重要的。无知（ignorance）是指不了解一些事情；不称职（ineptitude）则指不正确地应用“已知”知识。葛文德指出，错误“源自无知，我们一般能够原谅。如果错误源自不称职，我们则无法原谅”。在我们的用语中，不称职导致的错误代表人为错误，就像葛文德所说的，这些错误很难被原谅。

葛文德进一步发现，个人的能力“无论是在医疗环境中还是在其他工作环境中，都不是我们面临的主要困难”。相反，他认为“即使我们知道正确的步骤，但想要‘正确地’实施它们也没那么容易”。也就是说，我们往往知道要做什么，但出于种种原因，我们并不能保证每次都能做到。

前文提到的“永远不该发生的”外科手术错误，它们中有一半是把外物留在了病人体内，另一半不是搞错了手术程序就是搞错了手术部位。乍一看，所有这些错误的原因好像都简单明了，但是认真检查之后，我们会发现所有这些外科手术中的错误都与任务的实施步骤有关：有些是忘掉了关键的任务执行步骤，有些是错误地执行了看似平淡无奇的步骤（如在正确的身体部位上进行手术）。

因此，“正确地实施步骤”必然是改善人员绩效的重要环节。不过，这需要我们更深入地理解系统情境以及情境如何影响关键步骤的正确实施等问题。下一节将探索这一重要的问题。

导致失败的潜在因素和激活因素

在一定的条件下，微小的错误会被工作系统缺陷放大，从而导致致命的后果。例如，在亚洲某机场发生的某次飞行事故惨剧涉及以下方面。

- 一定的条件（right conditions）：台风即将到来，当晚阴雨绵绵、天气异常潮湿；
- 微小的错误（simple mistakes）：飞行员转到另一条跑道上，尝试从一个封闭的跑道上起飞，而这条跑道正在维修中；
- 工作系统缺陷（systemic organizational weaknesses）：这条封闭的跑道没有被明确、恰当地标记出来（即错误地被照亮了）。

请注意在上面的案例中，若干环境因素共同造成了这场致命惨剧：正在接近的台风、错误的偏转和没有明确标记的跑道。评估系统环境（微小错误和工作系统缺陷）的方式之一就是分析可能导致失败的潜在因素（latent factor）和激活因素（active factor，也常被称为潜在错误和激活错误）。

真正导致不良事件发生的因素既可能是潜在因素，也可能是激活因素。潜在因素是指存在的、但尚未被激活的因素，而激活因素是指存在且已经在“发生影响”的因素。

潜在因素是不良事件发生前，已经“设定好”的因素，而在之后的章节中，我会介绍错误诱发条件（error-producing conditions）。如前文所述，这类因素为人的可靠性（即人员绩效）带来的负面影响。在本书的用语中，错误诱发条件是人员绩效的“潜在因素”中一个特别的类型。

存在潜在因素的工作系统会带来安全隐患。对于不细心和容易犯错的人而言，潜在因素会使工作系统更容易出错。在前文所述飞行事故中，没有明确、恰当地标记封闭跑道便是潜在因素。

激活因素是有触发、推动、诱发等性质的因素。人为错误是一种常见的激活因素。在上例中，飞行员错误地转到封闭跑道就是一种激活因素——人为错误。

我们可以将潜在因素比作埋藏在地下的地雷，它本身不会立刻导致任何伤害（尽管它非常有可能造成伤害）。人体踩到地雷上才是激活因素。和地雷一样，许多任务需要激活因素来“触发”工作系统中被动的、深藏不露的潜在因素。如果我们成功地清除了工作系统中的潜在因素，激活因素就无从激活（就像如果没有地雷，人就不可能被踩到），这一点非常关键，是提高工作系统容错度（减少人工错误）的重要方法。

研究表明，在导致事故发生的因素中，激活因素占 30%，而潜在因素占 70%（如图 3-1 所示）。然而遗憾的是，在分析不良事件发生的原因时，我们往往只注重寻找占比为 30% 的激活因素，而忽略了占比更高的潜在因素。这种片面的见解使人们对事故的理解非常有限，且吸取不到教训。在进行这样的分析时，我们常常是在重复做着同样的事情。

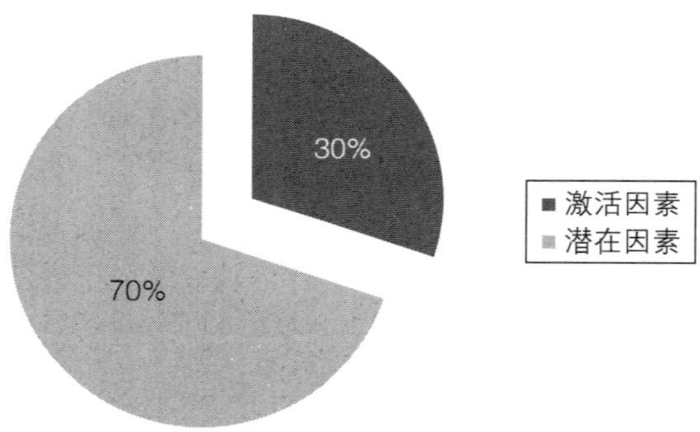

图 3-1　激活因素和潜在因素的占比

我在读研究生时，一位教授给我讲了潜在因素和激活因素之间有趣的关系。我不知道他对我讲的故事是否真实，但我觉得这个故事值得我在这里再讲一遍，因为这是一个极好的例子。事情发生在某市郊外的一个卫星测控站，当一颗卫星通过测控站时，正值一个寒冷的夜晚。这时主管向技术人员下达了指令，要求他向头顶运动着的卫星发送一个微调的指令。

当主管和技术人员等待着指令发送到卫星上时，卫星突然在屏幕上消失了。原来，技术人员本该输入的微调口令是“X247865WTZ”，但他输错了两位，变成了“X247685WTX”。

不幸的是，这个错误的代码正是自毁代码。假如输入错误的代码后，设备没有出现后续的询问，如“你确定要炸毁卫星吗？你真的、真的确定要炸毁卫星吗？”——真糟糕，你即将要炸毁一个卫星了！

请注意这个案例中不知情的技术人员是怎么被“埋入的地雷”绊倒的：系统程序存在发生错误的潜在因素，并且此例中的激活因素只是颠倒两位数字——这是人非常有可能犯的错误。我们在电子表格中输入数字时，都曾有过颠倒两位数字的经历，而且我们以后还很有可能会犯这种错误。事实上，我们根本不能防止这种错误的发生。因此，在这个案例中，一个很容易被触发的激活因素隐藏着一个非常危险的潜在因素，而它正等着你在上面栽跟头。

数字颠倒的错误发生率很高，卫星事件也引出了关于整体人为错误非常重要的一点：人为错误不能完全被避免。即使是在最好的条件下，它也只能被减小而非避免。有一次我听一个人员绩效改进“砖家”的训练课，他说改进人员绩效就是“去除”人为错误。很可惜，这一点毫无道理，而且几乎不可能实现。尽管我们有时可以消除人为因素导致的一些后果的影响（详见第七章），也一定能辨别并移除工作环境中的潜在因素，使环境更具包容性，但是我们确实无法消除人为错误本身。毕竟，人为错误源于人本身。

在尽善尽美的情况下，人为错误发生的可能性（human error probabilities）为 1/1 000（尽管事实上这个数字不会这么小，可能是 1/100 或 1/10），也就是人类在尝试完成可能犯错的任务时，需要 1 000 次机会，才会发生一次错误。因此，即便我们知道完全去除工作环境中的人为错误是不可能的，我们也有很多积极可行的措施。例如，我们可以更好地理解那些含有“地雷”的、设计不良的工作系统是如何为人员绩效带来不利影响的。

在结束潜在因素和激活因素的讨论前，我们需要讲述一个案例。尽管这个案例——“自由企业先驱者号”沉船事件稍显过时（事件发生在 1987 年 3 月 6 日），但它仍然不失为经典事故，具有继续研究的价值。这次悲剧造成了 193 人死亡，清楚地阐明了前文所述的原理：一定的条件、微小的错误（也可称为激活因素或错误）和工作系统缺陷（潜在因素）结合起来，有时会导致致命的后果。

“自由企业先驱者号”案例分析

1987 年 3 月 6 日清晨，“自由企业先驱者号”准备离开比利时的泽布吕赫港，前往英国多佛。“自由企业先驱者号”是一艘现代滚装运输渡船，它共有 8 层甲板，可以运输汽车和旅客。据报道，离开内港的那个夜晚，它载着 80 名船员、459 名乘客、81 辆轿车、47 辆卡车和 3 辆公交车。

港口发出最后一声鸣笛，渡船马上就要出发了（此时是格林威治时间下午六时）。可是，助理水手长却没有关闭前艏门（这是他应该完成的任务），开着前艏门的渡船就这样准备离开内港。

六时五分，渡船即将离开港口，大副也没有检查前艏门是否已安全关闭。就这样，渡船离开了安全的内港，但它的艏门仍然打开着。

大约六时十五分，渡船驶过防浪堤，船长开始加速。除非被告知有特殊情况，船长默认艏门是安安全全地关闭着的。船长是这么认为的（正如他平时那样），但事实并非如此。

到了六时二十五分，波浪开始冲击到上船体的位置，通过开着的艏门涌入装载汽车的主甲板。仅仅一分钟后，巨大的渡船开始摇晃，很快就倾覆了。

幸亏渡船倾覆的时候离港口很近，尚在浅水区。许多营救船只快速赶到翻船的现场，救了很多人的生命。虽然救援人员已经来得很及时了，但仍有 193 名乘客和船员在事故中丧生。

为了更深刻地理解那个夜晚究竟发生了什么，人们还原了当时的时间表。

17:30：水手长让助理水手长回去休息，于是助理水手长回到自己的船舱中睡着了。

18:00：最后一次鸣笛后，助理水手长仍然没有醒来，当然他也就没有完成自己的任务去关闭艏门，因此艏门一直开着。

18:05：大副“以为”他看到了助理水手长去关艏门。然而，当渡船离港时，他自己也没有履行职责，去检查一下艏门是否都安全关闭了，因此艏门仍然开着。

18:15：渡船驶过防浪堤后，船长开始加速，他不知道艏门仍然开着。因为在船桥上看不见艏门，他曾多次建议在船桥上安装显示艏门状态的指示灯，然而管理人员一次又一次地拒绝了他。此外，除非被特别告知艏门是开着的，船长都默认它是关着的。不幸的是，这种“以否定为肯定”的信息传递方式在不经意间造成了非常危险的情况，尤其是在助理水手长和大副恰好都没有执行检查艏门的任务时。表 3-1 详细分析了这样的信息传递方式涉及的因素和导致的结果。

表 3-1　消极信息分析

助理水手长	大副	船长	船体状况
关闭艏门	（检查并）确认艏门关闭	以为艏门关闭	安全
未关闭艏门	检查艏门仍然未关闭	意识到艏门仍然未关闭	安全
关闭艏门	没有确认艏门是否关闭	以为艏门关闭	安全
未关闭艏门	没有确认艏门是否关闭	以为艏门关闭	危险

18:25：波浪开始冲击到下船体的位置，船艏轻微地向下倾斜了 0.8 米。过去曾有人提议更换压载水泵以合理平舱，但管理层以价格昂贵为由拒绝了这个提议。

18:25+：水开始流入装载汽车的主甲板。船体上没有保护汽车甲板不被淹没的隔板。

18:26：渡船开始摇晃，即将倾覆。

基于这个简要的分析，我们可以识别出以下激活因素和潜在因素。

■ 激活因素

——助理水手长没有按照要求关闭艏门。

——大副没有按照要求检查艏门是否关闭。

——船长通过防浪堤后开始加速，但没有意识到艏门仍然开着（加速的过程使水波涨到艏门之上）。

■ 潜在因素

——使用“以否定为肯定”的信息：如果没有特意报告艏门是开着的，则认定艏门处于标准状况（关闭状态）。

——船长在船桥上看不见艏门，因此不能亲自确定它的状态。

——船桥上没有显示艏门状态的指示灯（尽管船长曾多次要求安装这样的指示灯）。

——“自由企业先驱者号”的压舱泵设在前端，这使它更容易从前面被淹没。

——船体装载汽车的主甲板上没有可以阻止水进入的隔板。

从某种程度上说，这是一个人为失误的例子。在本应工作的时间，助理水手长却在睡觉（我们不知道这是否是过度疲劳或其他身体因素导致的）；此外，大副没有遵照标准操作程序认真检查艏门是否安全关闭了（我们仍然不知道究竟是为什么）。

然而，如果一些潜在因素被剔除了，尤其是如果船桥上安装了显示艏门状态的指示灯，那么这场事故发生的概率就会大大降低。在相同情境下，尽管助理水手长和大副会犯相同的错误（激活因素），但是由于安装了艏门指示灯，船长非常有可能在船离港前就发现了这个问题。换句话说，尽管人为错误还有可能发生，但这些错误导致的不利后果，即船倾覆，很有可能会被避免。因此，如前文所述，通过去除系统中潜在错误因素避免人为错误导致的不利后果，是改进工作系统的有效方法之一。

此外，船长本可以立即停止使用“消极信息”，也就是默认在没有特别告知的情况下，艏门是关着的。如果使用了新的“积极信息”式工作系统，大副就会亲自向船长确认艏门是否已被安全关闭。尽管这种设计不能绝对保证艏门不会忘记关闭，但是它能有效地降低此类风险。

诚然，这样的工作系统很可能会增加实现任务的“心理距离”（psychological distance），但在目前讨论的工作环境中，这样的心理距离是非常值得的。

在“自由企业先驱者号”沉船后的 27 年间，无论是海事安全还是渡轮船只建设都在整体上取得了很大的进步。然而略有讽刺意义的是，当我写本章内容时，韩国一艘名叫“岁月号”的渡船也在离港不远的浅水水域倾覆了。到目前为止，渡轮里已经打捞出 293 名死者，救援人员还在继续搜索 11 名失踪的乘客。悲剧的是，死亡和失踪的乘客中很多是青少年，他们来自同一所高中，正在参加学校组织的旅行。

根据一些前期报告（尚未核实），渡船船长说该船承载着 150 辆汽车和 657 吨“其他货物”。然而，该公司负责装载其他货物的经理称，渡船上装载着 3 608 吨货物，这个数据超出了“岁月号”授权负载限度的 3 倍之多。另有一些人暗示说，是渡船急速、意外打转方向（原因不明）导致船上超重货物侧移，从而酿成了船体迅速倾覆的惨剧。

我研究了近年来的一些重大事故，也对它们进行了深入调查。我开始觉得这些事故在某种程度上有点像莎士比亚的戏剧：尽管每场的演员各不相同，但他们表演的主题几乎一样。这些事故也体现了同样的道理——事故的主题、事故发生的模式几乎是不变的。一些事情变化很大，另外一些事情，如意外的事故，却维持不变。

这次事故说明人一定会犯错误。但是，人为错误究竟是什么呢？我们在下一节进行分析。

何为人为错误

要给人为错误（human error）制定一个正式定义是相当复杂的，它可以被定义为以下几种。

- 导致以下问题的"非故意行为或不作为"：
  ——任务排序；
  ——任务时限；
  ——知识；
  ——交流；
  ——程序。
- 造成成果偏离预期标准或规范的行为。
- 让人、设备和系统处于风险的行为。

基于"非故意行为或不作为"的定义，人为错误可被分为疏漏错误（errors of omission）和执行错误（errors of commission）。疏漏错误是指非故意地遗漏或未执行某个规定的任务（出于某种原因忘记去做）；执行错误是指执行某个规定任务时出现错误（做了但是做得不对）。

疏漏错误举例如下。

- 将升降液压舵机重新装到机翼结构上时，没有安装四个紧固件；

- 在例行的维修程序后，没有重新连接气道管；
- 一场长时间的手术结束后，医生没有清理病人身体里的医用海绵；
- 维修后，关闭的阀门忘了打开；
- 电工在重启变压器前忘了拔出接地式插头；
- 飞机起飞前，写有“飞行前请取下”的传送带没有被取下；
- 新的管道安装完毕后，管道工没有重新点亮热水箱上的指示灯；
- 维修转子后，没有重新设置驾驶舱断路器。

执行错误举例如下。

- 没有正确转换飞行操控系统中的陀螺仪自转轴；
- 重新连接输送压缩空气的软管时，软管被接反了；
- 发射直播卫星时天线连错了：水平天线被连接为垂直天线，垂直天线被连接为水平天线；
- 在错误的身体部位上进行了“正确”的手术；
- 在发射前对搅拌水槽中液态氧的桨叶进行了台架试验，但在安装过程中，桨叶连错了电源。

我们可以从上述各种实际发生的案例看出，疏漏错误是有关遗漏或未实施规定要求的行为，如在飞机的例行维修程序结束后没有重新连接气道管；而执行错误是执行了任务，但是实施的方式错了，如水平天线被垂直连接，垂直天线被水平连接。

联系之前描述的“感知—认知—行为”（PCA）循环，疏漏错误在很多情况下包括没有感受或察觉到一些事情（没有看到便意味着没能意识到）和/或认知方面的问题（忘记了一些事情），而执行错误也会涉及感知或认知方面的问题。处理这些“感受和记忆”问题的对策将在第七章中进行讨论。

我们可以更加细化地分析执行错误，尤其在独立的微小步骤层面。完成很多任务（如维修、外科手术等）都涉及以下方面。

- 使用特定的资源；
- 在特定的位置；
- 操作；
- 特定的物体；
- 以达到特定的条件或符合特定的规范。

例如，任务“将211站的阀门手动旋转到‘开’的位置”可以被分解为如下过程。

- 手动（资源或“工具”）；
- 211站（位置）；
- 旋转（操作）；
- 阀门（物体）；
- 到“开”的位置（条件或规范）。

同理，任务“观测转弯处的管道检查是否破裂”也可以被分解为如下过程。

- 观测（资源）；
- 转弯处（位置）；
- 检查（操作）；
- 管道（物体）；
- 是否破裂（条件或规范）。

基于对这些独立的、微小步骤的分析，执行错误很可能是缘于在错误的位置、错误的物体上错误地使用了错误的资源。很多情况下，执行错误涉及错误的物体或错误的位置。例如，再次分析如下执行错误的情况。

- 没有正确转换飞行操控系统中的陀螺仪自转轴；
- 发射直播卫星时天线连错了：水平天线被连接为垂直天线，垂直天线被连接为水平天线；
- 在错误的身体部位上进行了“正确”的手术；
- 在发射前对搅拌水槽中液态氧的桨叶进行了台架试验，但在安装过程中，桨叶连错了电源。

在以上每个案例中，不是正确的物体被连接到了错误的位置上，就是错误的物体被连接到了正确的位置上。上述医疗事故的案例，就是“正确的行为”实施在错误的位置上。可惜的是，在以上对错误进行描述时，我们没有足够详细的信息来判断错误是出在物体上还是出在位置上。这就是我们为什么有必要深究这个问题——因为这有助于我们真正理解罪魁祸首究竟是疏漏错误还是执行错误；在这样的情况下，往往是细节导致了错误的发生。

在一些情况下，人为错误发生的地方可以预见，错误发生的环节也可以预见。对这种“可预见的错误发生地点”记录得尤为有条理的是航空维修领域。其实，他们的发现对其他领域也有很大的借鉴价值，尤其是医药工业领域。

事实上，每当读到医药领域招聘人员绩效改进专家的广告时，我都会感到诧异，因为这些广告似乎都要求应聘者拥有与医药行业或医院相关的经历。从个人角度来讲，如果我要为医疗领域招聘一位人员绩效改进专家，我会倾向于招收来自航空维修领域、核能发电领域、核武器维修或拆卸领域的专家，因为这些领域对人为错误的研究要先进得多。

人为错误会导致即刻的或潜在的不安全情况，这些不安全情况有时会引发灾难性的后果。航空业有一句话是这么说的：飞行员就是每天处理维修故障的人。

图 3-2 描述了维修过程，从初步计划开始，再到完成维修工作，最后以“出口”结束。大多数人为错误发生在“修理—维护—安装”阶段。

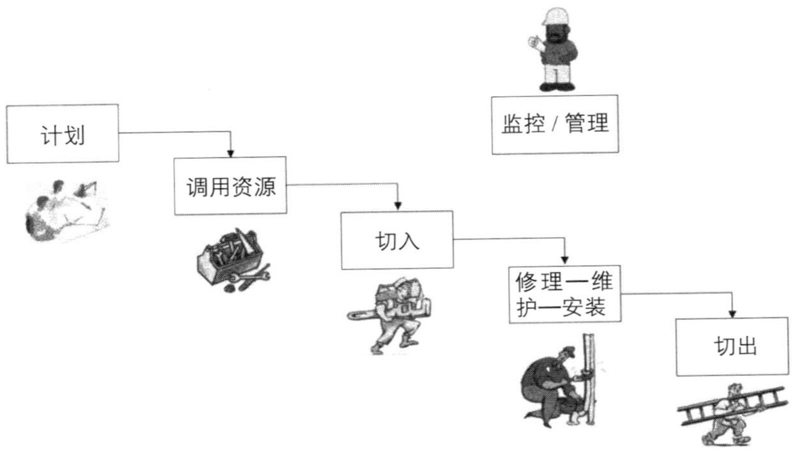

图 3-2　通用维修过程

如图 3-3 所示，“修理—维护—安装”活动往往包含灭活 / 钝化（deactivation）、部件分解（disassembly）以及随后的重组、重置和重新激活。

遗憾的是，随后的重组、重置和重新激活往往都会发生错误。撰写《人为错误》、与艾伦·霍布斯合著《处理维修错误》的詹姆斯·里森，是研究维修领域人为因素的专家。他发现，容易出错是重组、重置和重新激活的任务固有的特征。

当识别与重组、重置、修复、重新激活相关的错误时我们发现，疏漏错误占比最大。例如，如图 3-4 所示，基于一个对某航空公司的调查，疏漏错误占据了记录的全部维修事故的 60%。此外，图 3-4 的柱状图中还加入了外科手术中“永远不该发生的”医疗错误的情况（本章也有所描述）：外科手术中发生的错误，疏漏错误和执行错误各占一半。

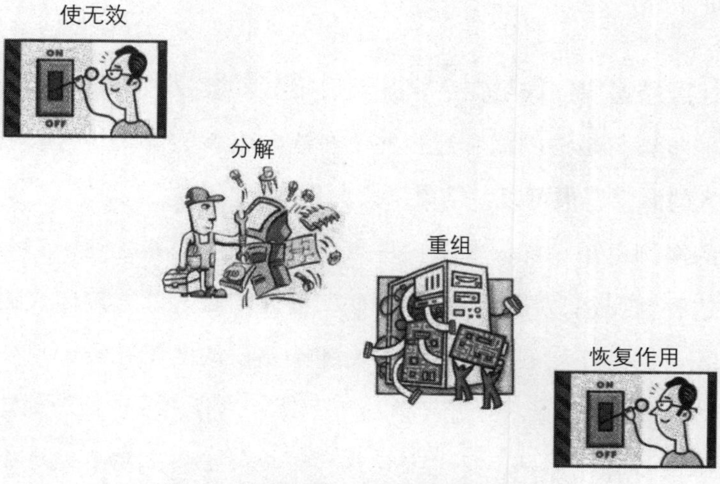

图 3-3 修理—维护—安装过程的活动

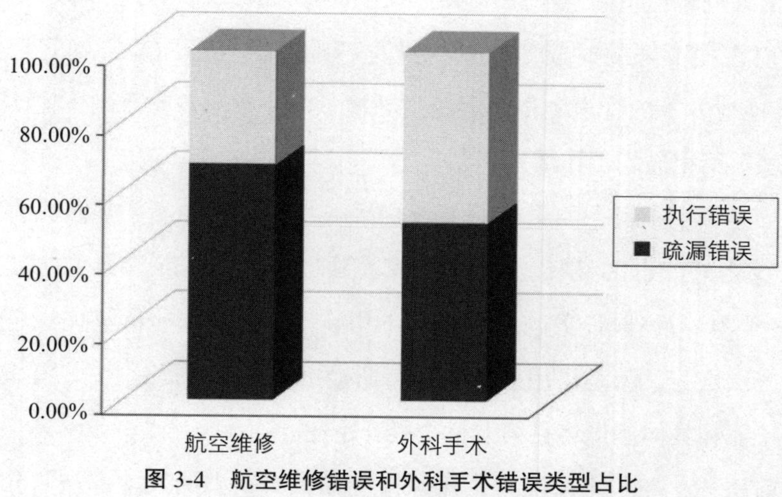

图 3-4 航空维修错误和外科手术错误类型占比

在这些分析中有一点很重要，那就是导致疏漏错误的步骤往往发生在整个任务序列非常靠前的时期。此外，这些前期步骤往往和最终步骤没有任何物理连结。例如，在忽略了连接气道管的错误中，气管通道在航空维修程序的早期就处于断开的状态了。此外，主要的维修工作都是在远离气道管的位置进行的。

同样，医用海绵往往是在手术开始后不久就被放入病人体内，而随后把海绵取出的步骤与最终的缝合过程并不相连。也就是说，外科医生即使不取出前期放入的海绵，也可以“结束”这场手术。

插头的案例也是一样：电工在重启新安装的变压器之前，忘了拔下接地式插头。这种情况下，在重启变压器这一最终步骤之前，接地式插头也是很早就插入了。值得注意的是，这名出现疏漏错误的电工在当天早晨已经被提醒要拔掉接地式电源。然而，直到约 10 小时后，劳累了一天的他才执行拔掉接地式电源的步骤。你是不是也经常这样，早晨被告知需要做什么事，但度过了漫长劳累的一天后，早已把它忘在脑后了呢？

在工人们忘记重新点亮热水箱指示灯的案例中，指示灯在清晨就熄灭了，而工人们在接下来的时间里，一直投身于维修房子不同地方的管道。完成“房屋其他地方”的管道工作和重新点亮指示灯（指示灯位于地下室）是分离的、物理上不相连的工作活动。

在上述每个案例中，气道管、外科海绵、接地式插座和热水箱都在执行者的视线之外，也因此被遗忘在脑后。因此，避免疏漏错误（尤其是那些“视线之外”、与完成任务的最终步骤不相连、但涉及能否圆满完成任务的错误）的方法之一，就是采用里森和霍布斯提出的“有效提示物”。有效提示物的普遍特征和具体实例将在第七章中展开论述。

如前所述，在很多情况下，疏漏错误和执行错误的发生率被工作系统环境极大地提高了，尤其是在出现了意外的、与人相关的潜在因素，即所谓的“错误诱发条件”时。错误诱发条件正是我们下一节要讨论的话题。

如何识别并清除错误诱发条件

为介绍本章最后一个话题，我有必要回顾一下我已在本章简单提到的核电站事件。在做一个非例行试验的时候，核电站控制室无意间给地下室的工作人员下达了一个命令，让他们在彻底关闭一个阀门前，打开另一个阀门。这意外的命令使具有放射性的污水进入了地下室的一个封闭区，并且给那里的一位工作人员带来了轻微的伤害和感染。尽管这些具有放射性的水并没有流出这栋大楼，但将它清理干净仍然需要付出大量的时间和金钱。

如本章提到的，事件发生后，管理层人员都感到格外震惊。初步调查后，他们认为这只是一起“操作员过失”事件，此类事件的发生概率仅为百万分之一，几乎不可能。

然而我们在调查此事后，发现了导致事件发生的错误诱发条件（error-producing conditions），它们包括：

- 工人们正在完成一项非常复杂的、知识型的认知任务，与此同时，他们还在执行另一项任务；
- 之前，工人们从来没有以完全相同的方式执行过这个复杂的非例行任务；
- 控制室里的显示器不能提供反映阀门状态的反馈信息（即无法显示出阀门是处于打开状态还是关闭状态）；
- 由于这次非例行试验的独特性，操作人员并不具备相关经验；
- 所有人员都高度疲劳，在其中一个关键的控制室内，工作人员在事发时已经连续工作了近 17 个小时；
- 做测试的控制室人员当时正承受着相当大的压力。事件发生时，测试进度是落后于预定计划的，但管理层向他们施加了很大的压力，要求他们“现在”就完成测试。

回顾这一系列错误诱发条件，事故的发生还真的让人感到惊奇吗？当你了解了这些错误诱发条件时，你还相信事故发生的概率只有百万分之一吗？我从调查开始就不相信。

我认为从这次事件中可以学到的重要经验是：某些任务或任务情境比其他的任务或任务情境更容易导致人为错误。也就是说，这些任务或任务情境有时会包含着错误诱发条件，而这些错误诱发条件都存在着潜在的危险性。在这种情况下，错误就难以避免。因此，如果能主动识别并清除错误诱发条件（或是更好地处理，而不是制造它们），那么发生意外的人为错误的可能性（不过要承认并不绝对）就会降低，有时甚至是显著降低。

但是，我们该如何系统地识别并清除工作场景中的错误诱发条件呢？幸运的是，我发现了一个非常有效的工具。它是由杰里米·威廉姆斯开发的，叫作“人为错误评估与降低技术”（简称 HEART）。威廉姆斯最初开发人为错误评估技术是在核能工业领域，主要用来分析人的可靠性。随后，这一技术被进一步完善，还被用来帮助设计性价比高的发电厂与支持经营绩效决策。HEART 的优点是，它能够被应用到任何一个工作情境中，因此，它与各行各业都息息相关，对各行各业都有借鉴价值。

HEART 的基本前提包括如下几项。

- 人的可靠性与其正在完成的任务的属性有关。可靠性即一致性，其对立面是不确定性。举例来说，也许你经常光顾某一家饭店，原因就是这家饭店很可靠——它的服务与食品的质量都很可靠。高度的可靠性意味着任务是以一种一致的、高质量的、精确的、安全的方式展开的。更具体地说，人的可靠性就是某个人或某一群人能够成功的可能性。达到高度可靠性的前提是优秀的个人能力和技能，以及好的工作环境。例如，如果你要做手术，那么你一定想找一位技艺精湛的大夫和一个有利于手术成功的情境。

- 如果执行任务的条件是“完美”的，从理论上说，我们就可以在概率范围内持续、高效地完成任务。换言之，如果在“完美”条件下执行任务，我们极有可能（该可能性仍受限于统计界限）正确完成该项任务，并收获满意的结果。
- 这些“完美”的任务条件并非随处可见，而错误诱发条件的存在也可能使得人的可靠性低于预期。这一前提非常重要，也是 HEART 方法论的核心。错误诱发条件的范围、数量、严重性都有可能会降低人的可靠性，从而整体降低人员绩效。换言之，由于错误诱发条件的出现，所谓的“完美”任务情境就会被降级到“不完美”，而“不完美”的情境很容易使人们犯错。

威廉姆斯描述的错误诱发条件的其他重要属性还包括如下几个。

- 据预测，错误诱发条件只会降低，而不可能提高人的可靠性。因此，这些错误诱发条件永远不会让人员绩效变得更好，或提高圆满完成任务的可能性，它们只会使情况变得更糟。
- 错误诱发条件越多，越会降低人员绩效的可靠性。对于错误诱发条件而言，还真不是多多益善。
- 错误诱发条件对人的可靠性所产生的影响并非只针对个别任务，而是具有普适性的。因此，错误诱发条件既会对医院工作情境产生负面影响，也会对核电站操控室、汽车制造商的生产线产生负面影响。这就是为什么 HEART 识别出的错误诱发条件能够广泛应用于各种各样的工作情境。本质上，人们受错误诱发条件影响的方式是完全一样的。

威廉姆斯指出，错误诱发条件造成的影响可大可小，但所有影响肯定都是消极的，只是其中一些负面影响比其他的更大。例如，受损的系统认知就会对人员绩效产生极为不利的影响。倘若系统没有应对错误的能力，那么缺少响应时间也会产生非常负面的影响；质量低劣或表意模糊的反馈系统也会产生格外恶劣的影响。

起初，HEART 方法论的提出是为了量化评估人的可靠性，但现在我发现，仅仅将错误诱发条件主观地分为“非常强的负面效应”“强负面效应”和“中低负面效应”三类（而非具体的量化），对于人员绩效改进的实践者以及那些并不想真正深入研究该方法论中的统计学或数学部分的人员来说，是更为简单、易于操作的。

使用这种更加主观的方法时，人们需要做的，就是在分析结束时，将识别到的错误数量加在一起，并据此主观地感觉一下它的可靠性（在更多情况下是测量“不可靠性”）。诚然，这种主观的方法缺少量化的基石，但它仍不失为一种评估工作情境稳定性（robustness）的快捷方法之一。

基于这样一个衍生出来的分类技术，我将 HEART 的错误诱发条件划分为如下三大类（括号里对应的数字代表了该情况对人员可靠性影响的大小或“错误产生能力”）。

非常强的负面效应：

1. 对某一状况不熟悉，这一状况可能非常重要，但很少出现或非常新颖（17）；
2. 没有足够的时间察觉错误并加以修正（11）；
3. 信号隐藏在噪声中而不易被感知（10）。

强负面效应：

4. 存在非常容易淹没特征信息的内容（9）；

5. 空间信息或功能信息不能顺利地传递给操作员，如视觉显示较差（8）；
6. 操作员在脑海中形成的模型和设计者想象的模型不匹配（8）；
7. 没有明显的补救失误操作的办法（8）；
8. 信息通道容量过载，尤其是在必要信息过多的时候（6）；
9. 需要放下已掌握的技术，使用截然不同的另外一种技术（6）。

中低负面效应：

10. 需要将某项任务的专有知识转移到另一项任务中，同时要保证信息完整（5.5）；
11. 任务所需的性能标准模棱两可（5）；
12. 感知的风险和实际的风险不对等（4）；
13. 不良的、模棱两可的，或是与事实不匹配的系统反馈（4）；
14. 对系统下达指令后，系统没有清晰、直接、及时地验证，并向操作者确认（4）；
15. 操作员缺乏经验（3）；
16. 程序对人、对人与人之间的信息交流都不足（3）；
17. 很少有或几乎没有独立的检测产出的方式（3）；
18. 不同任务的目标之间彼此冲突（2.5）；
19. 任务信息资源种类少（2.5）；
20. 人员的教育和训练不匹配（2）；
21. 危险的奖励体系，完成任务 VS 安全完成任务（2）；
22. 缺少适当的休息（1.8）；
23. 工具不可靠（1.6）；
24. 需要具有超出操作员知识、训练和经验之外的判断力（1.6）；
25. 职能分工不明确（1.6）；

26. 不能跟踪任务进展（1.4）；
27. 人员体能不足（1.4）；
28. 缺少对工作的理解和认识（1.4）；
29. 较大的压力（1.3）；
30. 人员健康状况差（1.2）；
31. 士气低下（1.2）；
32. 显示的信息不一致（1.2）；
33. 工作或现场任务环境欠佳（1.15）；
34. 执行的任务很枯燥（1.1）；
35. 睡眠循环被打乱（1.1）；
36. 工作节奏不协调（1.06）；
37. 有太多不必要的员工聚会（1.03）；
38. 员工年龄不合适（1.02）。

请注意在 HEART 方法论中提到的错误诱发条件中，有多少是与最初察觉的感知输入（例如，#3，一种低的信噪比）有关的。请务必记住，如果在一开始某些事就不能被察觉或被感知到，那么它一定也不能被传送到大脑进行后续加工、决策和行为选择。在上文讲述的核电站事故中，如果操控室的工作人员当时知道（感受到）有个阀门还没有彻底关闭，他们就有可能不会发生后续的错误。因此在这个例子中，不良的视觉显示（显示器没有显示阀门的实际状态）是罪魁祸首。

还是以核电站事故为例，我们可以用 HEART 分析和计算错误诱发条件。简单统计一下，我们就可以得到以下信息。

■ 非常强的负面效应：

——对某一状况不熟悉，这一状况可能非常重要，但很少出现或非常新颖；

——没有足够的时间察觉错误并修正。

■ 由强负面效应到中 / 低负面效应：

——空间信息或功能信息不能顺利传递给操作员，他们无法及时掌握关键情报（如显示器显示不良，他们无从知晓阀门是全部关闭还是有部分开着）；

——没有明显的补救失误操作的办法（“打开阀门”的命令下达后，不能及时撤销）；

——不良的、模棱两可的，或是与事实不匹配的系统反馈；

——对系统下达指令后，系统没有清晰、直接、及时地验证，并向操作者确认；

——操作员缺乏经验；

——较大的情绪压力；

——睡眠循环被打乱（导致工人疲劳）。

用 HEART 的视角识别并了解了这一系列错误诱发条件后，我们就能知道核电站事故为什么会发生了。操控室的工作人员很不幸，在工作的一开始就注定了要失败，因为他们面临的是几乎无法克服的错误诱发条件。

基于对以往事故的总结，我发现了一个问题：工作系统在初期（最开始的时候）往往都是设计精良的，但经过一段时间的操作后，它的性能开始缓慢降低，但这种变化很难察觉。随着时间的推移，系统中会出现越来越多的错误诱发条件和其他类型的潜在因素。以往文献将这个性能缓慢降低的过程叫作“陷入故障”，它常导致工作系统在不知不觉中从最初坚固的“绿色”状态转变为具有潜在危险的“黄色”状态，甚至有时继续恶化为灾难性的“红色”状态。这些逐次下降的“绿色”“黄色”和“红色”状态代表了下述三种系统状态。

1. “绿色”状态：具有很强缓冲能力的稳定、安全、成功运行的系统状态。缓冲指阻止系统状态恶化的一系列机械控制与管理措施。尽管这种稳定状态中存在一定的可变性，但“绿色”系统有足够的缓冲能力来容纳这些变量。“绿色”指示器代表了运行畅通的状态。
2. “黄色”状态：不稳定、不安全，但仍在成功运行的系统状态。这种状态接近一个潜在的危险临界点（critical threshold），越过该临界点，系统的品质、属性或状态就会发生剧烈改变。在到达临界点之前，系统深层性能逐渐退化（如出现了错误诱发条件），但这往往不会对系统的可操作性产生大的影响，甚至是不会产生任何影响。因此，此时系统的运行表现依然正常。然而，一旦这个临界区域内出现随机的微扰（如激活因素或人为错误），它就会诱发关乎整个运行系统的重大失误。由此可见，日积月累的微小变化，当达到临界点时，最终会产生灾难性的影响。不同于前面所述的“绿色”稳定状态，“黄色”状态是一种非常不确定的、具有潜在危险性的状态。
3. “红色”状态：意外结果已经产生的故障系统状态。意外结果是指由不利的系统状态变化造成的，它的危害程度由“损失量级”“破坏量级”和“损坏量级”这些不同量级来表征。在这个系统设定中，指示器如果显示了红色，就意味着确实出现问题了。

请注意“黄色”状态下的内容，注意系统的稳定性是如何从之前描述的“绿色”状态转变为“黄色”状态的。随着时间的推移，在“黄色”状态下，系统中会产生越来越多的错误诱发条件和其他各类的潜在因素。然而在多数情况下，系统管理者对系统状态已发生根本性的、危险的转变一无所知。

以第六章将要展开描述的事件为例，一位经历了灾难性事故的操作者提到，他当时坚信自己“完全有理由相信事故现场的防护设施是充足的、到位的”。正如分析该案例的人士所述，那些防护措施在被放置于现场的时候是足够保险的；然而，过了一段时间后，随着越来越多的错误诱发条件进入系统，这些防护设施的性能开始下降，而且其中一些性能的下降很难被人察觉到。于是，该系统开始慢慢陷入故障状态，最后走向灾难性的结局——也可以称之为“悲剧”的“红色”系统状态。

坏消息是，将有害的错误诱发条件带入工作系统中的往往是我们人类本身。好消息是，我们既然能无意地将错误诱发条件带入系统中，也能移除它们，我们甚至还能未雨绸缪，预防这些问题的发生。因此，真正的挑战不是在事故发生后找到错误诱发条件（这部分很简单），而是在发生意料之外的灾难之前积极、主动地识别出这些错误诱发条件，或是使用像 HEART 一样的工具剔除工作系统中诱发潜在危险的条件，以使工作系统保持健康的“绿色”状态。这才是公认的更为复杂的部分。

总之，在恰当的条件下，微小的错误（人为错误）和工作系统缺陷（也叫作潜在因素或错误诱发条件）会导致致命的后果。若想营造一个安全、可靠、高质量的工作系统，就必须尽可能地将人为错误的发生率降到最低。当然，我们也认识到，完全剔除人为错误是不现实的，因为犯错是人的天性。因此，我们需要持续地监测、识别和剔除工作场景中潜在的错误诱发条件。若能如此，发生意外事故的可能性将被大大降低，工作系统的容错度也就提高了。

我坚信，要想持续地监测工作环境，关键在于采取一个能够整体审视人为错误和人员绩效的“全新视角”。正如前文所述，这个视角包含了要持续关注工作情境——从最初的设计阶段就要开始，并一直持续下去。因此，在检查和剔除潜在的错误诱发条件以及其他有害因素时，我们必须永远保持戒备的状态，因为这些不利情况的出现总是在意料之外的。

第二部分

分析、改进与人相关的工作效率

商店里的每一项工作都需要员工通过移动来完成。如果你每天能为 12 000 名员工省下 10 步，那么你将节省出走 50 英里（约 80.47 千米）路浪费的能量。

——亨利·福特

LEAN HUMAN PERFORMANCE IMPROVEMENT

第四章　分析人体运动

如前文提到的，每个组织都有双重目标，目标之一是改进“成功域”。如前文中图 2 所阐释的，改进措施往往包括提高工作效率和生产率。目标之二是有效管理“失败域”。这里的难题是如何避免（至少是显著降低）意外事故带来的不良影响和后果。

许多人员绩效专家仅专注失败域，尤其专注于调研人为错误在失败中扮演了什么角色。从相关著作和文章的标题就能看出失败域和人为错误已成为了研究主流，这其中也包括德克的作品《实地指南——理解人为错误》。

不过，我认为改进成功域也扮演着同样重要的角色，但有时会被人员绩效专家忽略。我的这一发现更有利于提高人的工作效率。弗兰克·吉尔布雷斯对改进成功域的重要作用深信不疑，亨利·福特、托马斯·吉尔伯特也是这样认为的。

托马斯·吉尔伯特时常被冠以绩效改进“鼻祖”之名，他还被称为人员绩效技术（HPT）的创始人。他的著作《人的才能：管理评价值绩效》最早在 1978 年出版，时至今日，这本书仍然是人员绩效领域的经典之作，有极高的阅读价值（幸运的是，这本书在1996年被国际绩效改进协会再次出版）。他曾在几所大学任教，其中包括哈佛大学、乔治亚大学等。

在20世纪80年代末，我有幸在一次论坛上与他单独见面。他在那次论坛上做了讲话，那是他的最后几次正式发言之一。论坛在得克萨斯州圣安东尼奥市举行。那天早上，我下楼到大堂取一杯咖啡。当我走进大堂时，我发现他正坐在沙发上，全神贯注地看向酒店的大门。我走过去向他作了自我介绍，他马上让我保持安静，坐在他的旁边。我谨遵他的指示，安静地坐下来。毕竟这是“吉尔伯特”，而我当时只是个正在攻读博士学位的后辈。

很明显，他正在观察代客停车区域的服务员。我不清楚他是在研究停车的过程，还是只在看停车区的女服务员——在得克萨斯州温暖的阳光下，她们都穿着非常短的裙子。后来的事实证明他是在研究，因为他在看的同时似乎写下了大量的笔记。他安静地坐在那里，观察了5分钟后，转向我说了一句话：“浪费了太多的肢体动作。”

说完这句话之后，我们简单聊了一会儿。我很快感受到吉尔伯特博士是位真正的学者，是传统学校里的绅士，和他聊天绝对是一大幸事。到现在，每当想起托马斯·吉尔伯特，我就想起那次简单的会面，和他的第一句话：“浪费了太多的肢体动作”。

我相信吉尔布雷斯和吉尔伯特的想法是正确的。如果我们想改进人的工作效率，我们至少应该集中一些精力去分析、去识别，并去除那些浪费时间、浪费精力的动作以及与这些动作相关的任务步骤。这些造成浪费的动作和步骤就是吉尔伯特那天早晨观察到的，也是吉尔布雷斯很久以前就在不断探索、希望将其清除的。

消除或显著减少浪费的动作，也可以显著缩短任务的周期时间（cycle time）。周期时间是指在程序或任务中，从一个确定的点到另一个确定的点所需要的时长。以吉尔布雷斯为例，他通过消除一系列无价值的动作，将堆砌一块砖的平均时间减少了 46 秒。去除这些不必要的肢体动作后，他的砌砖工人能够在 11 秒内砌完一块砖，而那时砌一块砖的平均时间是 57 秒。

（通过去除浪费的动作而节省下的）周期时间能够使人们在同等时长的情况下，完成更多的任务（如吉尔布雷斯的砌砖工人的例子），或者在完成等量任务的情况下，花费更短的时间。在医院的急诊室中，用较短的时间完成等量任务的这种能力往往对成功救治病人起到极为关键的作用，尤其当那些病人已经危在旦夕时。图 4-1 描述了周期缩短前与缩短后的收益对比。

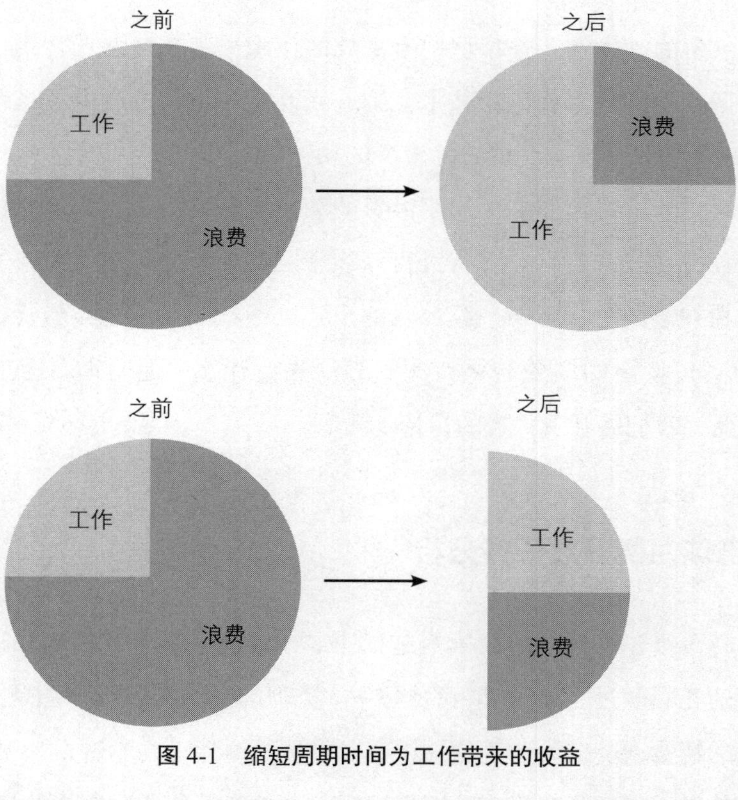

图 4-1　缩短周期时间为工作带来的收益

同理，在缩短周期时间的同时，我们也可以提高生产率，并降低费用。乔治·斯托克尝试用他开发的响应原则量化这个“周期时间—生产率—成本”

的关系。他的第三个原则，“1/4-2-20 原则”与这一点最相关。该原则指出，提供两次服务或生产两份产品中间所需的时间间隔每缩短四分之一（25%），劳动生产率和运营资金就会翻一番，会降低高达 20% 的运营成本。由此可见，通过减少周期时间来提高速度，可以同时达到提高劳动生产率和减少运营成本的效果。

我在工作中也接触过许多减少周期时间的案例。惊人的是，斯托克计算的比率总是对的：每当我们将周期时间缩短 25% 时，总的成本费用就能省下约 20%。

去除浪费的动作在工作环境中有重要的作用，基于这一点，我将在本章重点描述两个不同的动作分析技术。第五章会进一步讨论改进人员绩效的一些具体方法，包括前文提到的去除浪费的动作。

不过，在分析特定任务序列中浪费的动作之前，我想首先从总体上解释一下实际任务或任务序列。我将进行一项特定的任务分析，因为我发现它非常有用。在初步的分析环节，我的目的是尝试回答如下问题：想要在某次任务中成功实现特定的绩效结果，人们必须要做什么（他们大致上应该如何做）？就此，我们展开下一节的讨论。

以挥棒击球为例开展任务分析

罗伯特·富尔格姆写过一本有趣的书，书名叫《所有我需要知道的知识都已经在幼儿园学过了》。如果我要写一本类似的书，书名很可能是《所有我需要知道的精益人员绩效改进的知识都已经在棒球运动中学过了》。尽管这是半开玩笑的说辞，但是我确实发现棒球运动，尤其是职业联赛中的棒球运动，可以为人员绩效方面的种种构想提供极好的例子和深刻的见解。因此，为了解释我的任务分析方法，我将再次回到对职业棒球大联盟的分析。

我在第二章描述了击中速度为 92 英里 / 小时（约为 148.06 千米 / 小时）的快球的有关内容。在本章的任务分析案例中，我将转移到内场，重点讨论游击手的位置情况（想象一下纽约洋基队中的德里克·基特）。随后我将进一步解释如何对与人员绩效相关的任务进行分析，包括在棒球运动中，游击手守住迎面而来的地滚球这一任务。

你的第一反应也许是，这个任务分析简直太简单了。游击手需要做的就是抓住球，然后在对手到达本垒前，将它投给一垒手，使对手出局。当然，这是一种分析的方法，但它没有提供足够详细的信息。我建议用一种比较新颖的方式完成这个看似简单的任务分析。

回顾在第三章中我提出的，完成任何任务（如维修、外科手术等）都需要：

- 使用特定的资源；
- 在特定的位置；
- 操作；
- 特定的物体；
- 以达到特定的条件或符合特定的规范。

我们可以用这五个成分进行任务分析。“操作”往往涉及人的动作——也就是移动身体的某些部分。如旋转阀门、连接金属线、用医用镊子止住流血的动脉或是搬动管道，这些都代表了人的某个行为或动作。

操作通常也会涉及物体和资源，而且它也会发生在不同的位置。最后，为了成功完成任务，大多数的操作需要满足既定的规范，这里的规范是指要求达到的绩效水平或门槛。

有了“资源—位置—操作—资源—规范”的任务框架，我们就可以着手分析这项任务了。游击手在守住迎面而来的球的过程中，“物体”是棒球，需要的“资源”是戴着手套抓住棒球的手，和把球扔到一垒的另一只手。这里有两个特别的“位置”：一是球滚过来时游击手在内野中成功拦截并接住它的位置；二是球被扔出后能使对手出局的一垒位置。

为了成功完成这个接球和扔球的任务，必须完成两个动作：抓住或守住滚来的球，随后把抓住的球扔给一垒手；这些动作都要在跑垒员到达之前完成。

“成功抓住棒球”需要完成如下任务步骤：

1. 定位将要打来的球（感知上的视觉任务）；
2. 在球滚来时观察它的线路，使其可能被自己看到（二者皆为感知视觉任务）；
3. 时刻关注球的位置（持续的感知视觉任务），快速移动到戴手套的手（资源）截球或抓球的位置。真正抓住了球并要用手套“控制”住球，保证球不会再掉下。

接下来“投球”的任务部分包括：

1. 把另一个手移向抓着球的手，转用赤手控球；
2. 定位一垒手的位置；
3. 把球扔给一垒手。

成功的标准就是使对手出局，这对游击手的精准度和速度都有要求。精准度要求是：

- 将身体和手套准确地置于球滚来的位置以拦截和抓住球；
- 将球投给一垒手，并确保他能接住球——即把球扔在一垒手可以接到的范围内。

计算这个任务需要的速度或时间相对来说比较困难。首先，我可以用击球手跑到一垒的时长进行计算：由于游击手接球加上投球到一垒的时间必须短于击球手跑到位置的时间，所以击球手的跑动时间限定了游击手完成任务的时间。如表 4-1 所示，跑到一垒的时间会因击球手的惯用手和跑动速度不同而有细微的差别。惯用手的差别能够导致速度的差别，是因为右手击球者要比左手击球者多跑几步，所以在其他条件相同的情况下，左手击球者每次都能快过右手击球者。

如表 4-1 显示的击球手跑动时间可知，游击手完成接球和投球任务的时间限制为 4.1 秒到 4.5 秒不等。这一时间范围限定了执行投球这一任务的方式。

表 4-1　一垒跑动时间

类别	右手击球员	左手击球员
高于平均水平	4.2 秒	4.1 秒
平均水平	4.3 秒	4.2 秒
低于平均水平	4.4 秒	4.3 秒
远低于平均水平	4.5 秒	4.4 秒

图 4-2 描述了职业棒球大联盟的内场，图 4-3 描绘了游击手投球的一般情况。在这个描述普遍情况的场景中，假定游击手拦截并抓住球的位置距离击球的位置有 125 英尺（约 38.1 米），那么可以大概算出，他向一垒手投球的距离约为 114 英尺（约 34.75 米）。

计算完截球距离和投球距离后，下一步就是计算这两个过程所需的时长。估算这两个时间，既需要知道击出球的速度，也需要知道把球投向一垒的速度。我们假定击出球的速度为每小时 87 英里（约为每小时 140.01 千米）（合理的假定），投出球的速度为每小时 80 英里（约为每小时 128.75 千米）（此假定也合理）。

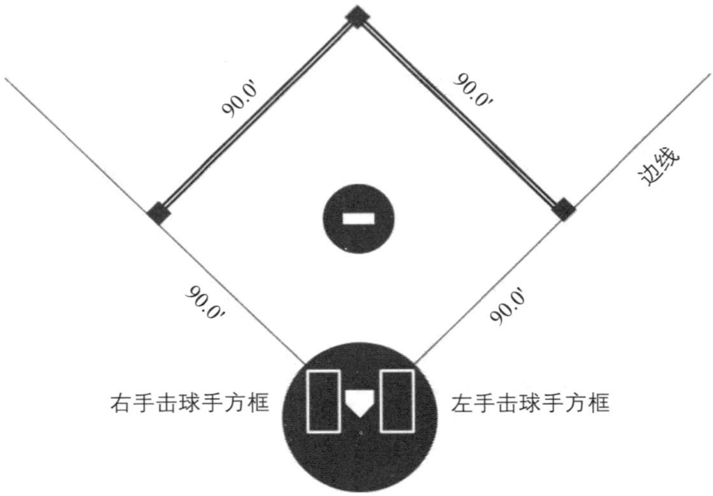

图 4-2　棒球内场轮廓图

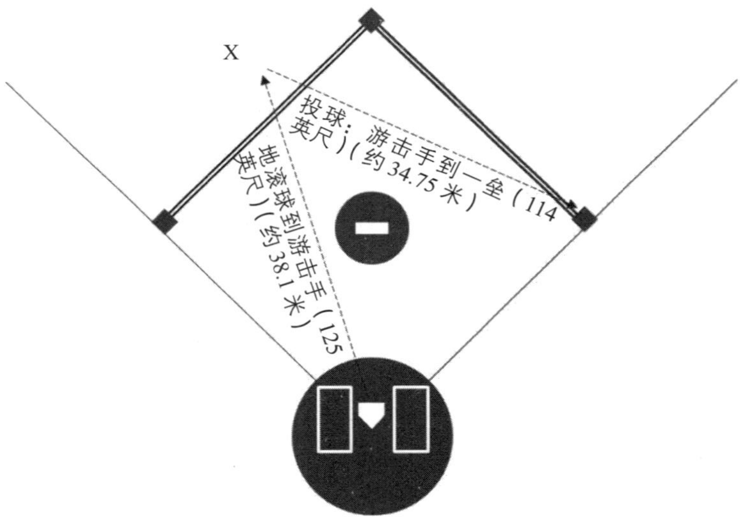

图 4-3　游击手到击球位置的距离和把球投到本垒位置的距离

基于这些数据，我们可以得到如下计算：

■ 地滚球到游击手：

——距离 =125 英尺（约 38.1 米）

——速度 =87 英里 / 小时（约 140.01 千米 / 小时）

——时间 =0.98 秒

■ 游击手投球到一垒：

——距离 =114 英尺（约 34.75 米）

——速度 =80 英里 / 小时（约 128.75 千米 / 小时）

——时间 =0.97 秒

图 4-4 表示了这些估算值。棒球运动的全部时间包括击球时长和投球时长，共 1.95 秒（0.98+0.97）。抓球－投球转换时间的不同，取决于击球手跑到一垒所需的时间（如表 4-1 所示）。结合球的两次运动时间与击球手跑动的总时间，游击手从抓球到投球给一垒手的转换时间只有不到 2.15~2.55 秒（4.1-1.95，4.5-1.95）。

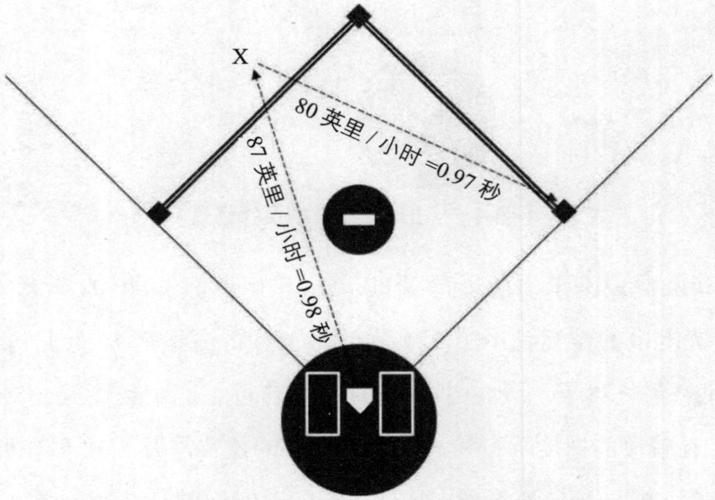

图 4-4　击球和投球的预计时间

如图 4-5 所示，如果游击手将接球到投球的转换时间控制在 2.20 秒，而棒球的运动时长为 1.95 秒，那么他可以在 4.15 秒内完成接球和投球的任务。如果击球手（右手击球）跑到一垒花了 4.16 秒，他将以 0.01 秒之差出局——这就是为什么经常有人在一垒上以极小的时间差出局。跑垒员和球到达一垒的时间差往往是以毫秒为单位的。

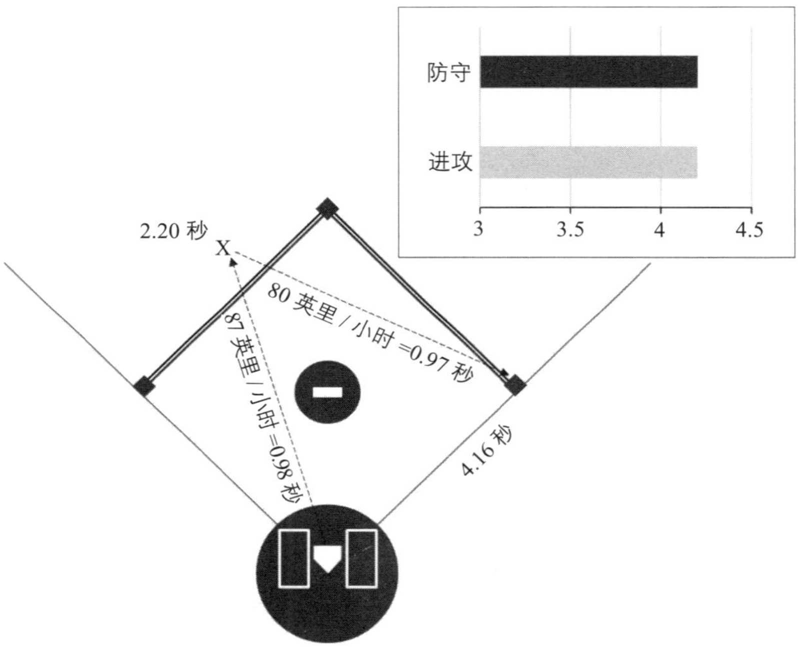

图 4-5　击球和投球的预计场景

现在我们假设，击出球不再以 87 英里 / 小时（约 140.01 千米 / 小时）的速度滚到游击手的位置（不过 125 英尺的飞行距离不变），而是以较慢的 80 英里 / 小时（约 128.75 千米 / 小时）的速度前行（这个速度是击球手很容易达到的）。在较慢的速度下，棒球到达游击手的位置需要 1.07 秒。如果我用同样的投球时间 0.97 秒，那么现在棒球飞行的总时间就是 0.97 秒加 1.07 秒，共 2.04 秒。如果接球 - 投球的转换时间仍然保持在 2.20 秒，那么游击手完成整个任务的时间就是 4.24 秒。如果这位左手击球手跑到一垒的时间为 4.20 秒，那么他就能以 0.04 秒之差确保安全，如图 4-6 所示。

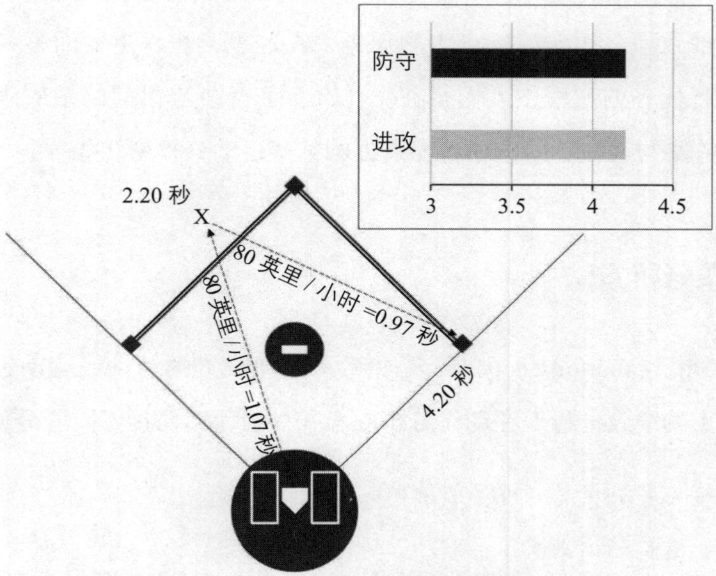

图 4-6　重新计算的击球和投球场景

纵观棒球史，米基·曼特尔之所以能成为如此伟大的棒球运动员，原因之一就在于他击球后能迅速跑到一垒。据报道，他曾只用 3.1 秒就跑到了一垒，如此快的速度意味着游击手大概只有一秒（即正常时间的一半）来做接球－投球的转换。所以，曼特尔经常能成功地单垒命中，他惊人的跑垒速度和超凡的击球能力一样重要。

这个“资源—位置—操作—资源—规范”的任务分析方法使我们能够更深刻地理解这个看起来非常简单的任务（接球和投球），事实上它同样可以帮助我们更深刻地理解工作情境中的重要任务。然而在很多情况下，当我们分析、改进工作任务时，我们常常忘了考虑“人们究竟应该做什么（怎么做）才能完成任务”这样关键的问题。通过我对棒球案例的分析可以看出，系统地回答这个问题可以加深我们对任务的理解，也能更好地知道人员绩效必须达到什么水平。

对任务有了这种基础的、详细的理解后，我将实地观察人们执行任务的方法，更细致地分析实际进行中的任务。在这里，我将主要回答如下两个问题：在执行任务的过程中人们都在做什么？如何改进目前的绩效水平？第二个问题的答案与我在下一节中将要讲到的某些运动分析密切相关。

两种动作分析方法

动作分析（motion analysis）是指致力于研究人的活动或运动（主要是双手和双脚）的绩效分析。在动作分析中，我一般使用两种不同的分析方法：

- 过程任务分析（主要分析粗略运动，如行走）；
- 手的微移动（动素）分析。

想象一下照相机的变焦镜头。过程任务分析就像更宽角度，或更宏观的运动视图；相比之下，手的微移动分析则像一个特写镜头、一个非常窄角度的视图（因此它提供了更多更细节的内容）。有时，我也使用我称之为“基本任务元素分析”的技术，它的详略度处于以上两种视图之间。如果想了解关于过程任务分析和基本任务元素分析的全面描述，读者可以参考我之前出版的作品《绩效定位和测量手册》。

过程任务分析

过程任务分析是一种工序分析，主要研究人的活动或是人执行工作时正在做的事情（或是做过的事情）。注意，这类分析也可以用于分析机器的行为，如工业机器人。

过程任务分析从分立的步骤层面来分析任务。还记得第二章讨论的分立技能和序列技能吗？分立技能组织成分简洁，且有明确的起始点，分立技能往往能组成序列技能。序列技能是一种组织技能，它由若干分立的动作以一定的时间顺序连接在一起，而且在很多时候，动作的顺序对于能否完成任务起着至关重要的作用。

过程任务分析的目标是识别所有分立的行为（和没有实施的行为）及它们正确组成序列型任务时的顺序，每个分立任务的完成时间也都需要收集和统计。

过程任务分析有五个通用的任务步骤类型，它们各自有对应的符号，如表 4-2 所示。这五个通用的步骤包括：

- **操作**：所有直接推动任务进展的增值步骤（圆形）；
- **运输**：所有移动（即运输）事物的步骤，包括人的步行（箭头）；
- **检查**：判断物品的质量是否符合规范（方形）；
- **延迟**：计划之外的“等待”时间（伸展的“D”形）；
- **返工**：之前某个步骤的不必要重复（往往因为有缺陷导致的），尤其是之前的某个操作步骤（中间包含字母“R”的圆形）。

表 4-2　通用过程任务分析的步骤类型

步骤类型	步骤符号	描述
操作		所有直接推动任务进展的增值步骤
运输		所有移动（即运输）事物的步骤，包括人的步行
检查	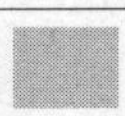	质量检查、授权和检测
延迟	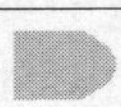	计划之外的步骤、人事、材料、产品的延迟
返工		所有没必要重复的步骤，尤其是重复的操作步骤

注意，每个步骤类型都与人的某种行为或运动有关。关于任务步骤“延迟”，它代表了不作为或“无运动”。在一些过程任务分析方法中，另有第6种类型的任务步骤，叫作“存储”。存储是指关于零件、材料或产品的计划内拖延，如将物品存入仓库。不过，人是不能被存储的，他们只能被拖延。

在开展过程任务分析时，我们需要做的就是观察人们如何完成某一任务，按顺序记录下所有分立的任务步骤，同时收集并记录每一个步骤所花费的时间，然后使用“过程任务分析工作表”记录下这些信息（如表4-3所示）。

表4-3 “将咖啡壶拿到咖啡杯旁”的过程任务分析工作表

步骤序号	步骤描述	符号	时间（秒）	备注
1	（空手）走入厨房	➡	11.2	
2	从咖啡机上拿取并移动咖啡壶	●	2.1	
3	把咖啡壶拿到客厅	➡	9.9	
4	把咖啡倒入咖啡杯	●	4.6	
5	把咖啡壶放回厨房	➡	10.3	
6	把咖啡壶放入咖啡机	●	1.8	
7	走回客厅，坐到椅子上	➡	10.7	
		共计	50.6	

当你尝试开展人员绩效过程任务分析时，我建议你首先从一些不同类型的家庭任务着手。随意挑选一个任务，然后以两种不同的方式来实施这项任务，随后用过程任务分析的方法来分析这两种不同的方式。一旦你通过分析简单且熟悉的家庭任务，熟练掌握了这个方法论后，你就可以在工作中使用它了。

例如，每天早晨，我会和我太太一起喝咖啡。冬天的时候，我们会坐在客厅的壁炉前喝；夏天的时候，我们又会去门前喝。平日里我们通常会喝上两杯咖啡，由于我平时比我太太起得早，因此，常常是我在喝第二杯咖啡的时候，她正在喝第一杯。当她喝完第一杯的时候，我总会起身帮她倒第二杯咖啡。

这“倒第二杯咖啡”可以有两种方式。第一种方式是把空的咖啡杯带到厨房，然后在厨房里把空杯倒满。第二种方式则是我先走到厨房，将咖啡壶从咖啡机中取出来，然后将它拿到客厅里，再倒满第二杯。那么，哪一种方式更高效呢？

为了分析倒咖啡的任务，我进行了两种不同的过程任务分析，一种分析对应上述的一种倒咖啡的方式。在每一种分析中，我都正确记录了这些动作的实施顺序，并将每个步骤花费的时间记录在了“过程任务分析工作表”上。

表 4-3 是“将咖啡壶拿到客厅中的咖啡杯旁”的过程任务分析工作表；表 4-4 是“将咖啡杯拿到厨房里的咖啡壶旁”的工作表。随后，我将结果放入对比表格中（有时也称为“前后对比改进图表”），如表 4-5 所示。

表 4-4　“将咖啡杯带到咖啡壶旁”的过程任务分析工作表

步骤序号	步骤描述	符号	时间（秒）	备注
1	从座椅上起身，走向我太太的座椅	➡	1.9	
2	拿取并移动咖啡杯	●	1.4	
3	把空的咖啡杯拿到厨房的咖啡机处	➡	10.4	
4	移动咖啡壶，将咖啡倒入杯中	●	6.8	
5	重新将咖啡壶放进咖啡机	●	3.6	
6	把装满的咖啡杯拿给客厅的太太，把咖啡杯放在咖啡桌上	➡	10.7	
7	坐回到自己的座椅上	➡	1.9	
		共计	36.7	

表 4-5 “倒咖啡”任务分析的对比总结表

步骤类型	咖啡壶到咖啡杯		咖啡杯到咖啡壶	
	第 # 步	时间（秒）	第 # 步	时间（秒）
操作	3	8.5	3	11.8
运输	4	42.1	4	24.9
延迟				
检查				
返工				
合计	7	50.6	7	36.7

基于以上各表的分析，我现在可以在量化的基础上客观地得出如下观察结论。

- 从我（拿取咖啡者）的角度看，将咖啡壶拿到咖啡杯旁边需要 7 个不同的步骤，共花费 50.6 秒（如表 4-3 所示）。相比之下，尽管将咖啡杯拿到咖啡壶旁同样需要 7 个不同的步骤，但一共仅花费了 36.7 秒（如表 4-4 所示），较前者节省了 13.9 秒。第二个任务序列中节省下了时间，是因为它去掉了进出厨房两个运输步骤，这两个运输步骤是“将咖啡壶拿到咖啡杯旁”这个任务序列里耗时最长的步骤。如表 4-5 总结的，“将咖啡壶拿到咖啡杯旁”这个任务序列的累计运输步骤的用时为 42.1 秒，而“将咖啡杯拿到咖啡壶旁”这个任务序列总的运输步骤的时长竟然只有 24.9 秒。并且注意，在第二个任务序列中，从总的运输距离可以看出，我的步行运动更少。
- 如果我采用“将咖啡壶拿到咖啡杯旁”的任务序列，在一小时内，如果不做其他事情，只是给我的妻子倒咖啡，那么我能倒大约 71 杯咖啡。但是，如果我采用耗时更短的“将咖啡杯拿到咖啡壶旁”的任务序列，同样的一小时内，我可以倒大约 98 杯咖啡，效率上增加了 27 杯咖啡，也就是 38%。每个任务步骤中减少的几秒钟时间，当以小时或以天计算时，将会转变为大得多的效率收益。本质上，这和弗兰克·吉尔布雷斯的砌砖工作是一样的。

- 从我太太的角度看，她作为这个场景的“顾客”，事情却略有不同。在“将咖啡壶拿到咖啡杯旁”的任务序列中，她在 27.8 秒内拿到了她的第二杯咖啡。但是在“将咖啡杯拿到咖啡壶旁”的序列中，直到第 34.8 秒她才拿到第二杯咖啡，较前者晚了大约 7 秒钟。

虽然这几秒的差异对我太太来说并不算什么，但在某些工作场景中，这种微小的差异有时会非常重要。例如，急诊室的大夫必须主刀一个十万火急的手术，只有在几分钟内进行手术，病人才有活下来的希望。在这种情况中，从病人的角度出发，最快时间接受手术是最重要的因素（类似于“将咖啡壶拿到咖啡杯旁”的任务序列）。然而，假设那名医生需要连续进行两场关键的手术，如果他选择了“将咖啡杯拿到咖啡壶旁”的序列，就可以提前 14 秒开始做第二个手术。

用这种方式设计任务能够帮助我们更明智地决定如何最好地开展任务，无论是单一任务，还是一系列分离但循序的任务，都能适用。这种思维方式的前提是正确领会如何分析、识别和去除浪费时间、浪费精力的人体运动。

很明显，这里重要的一点不是如何尽快地倒满咖啡，而是如何系统地收集完成任务的相关数据，然后用数据做出客观、基于事实的决定，尤其是那些关于在哪里、如何改进任务序列的决定。正如我所举咖啡的例子中阐述的，非常微小的节省往往可以转化为非常大的节省，尤其是在那些高度重复性的任务序列中。这些节省下来的时间可以显著地提高生产效率，降低运营成本。

在结束关于如何进行过程任务分析的讨论之前，我为读者提供了一些有用的提示。

- 如果目标任务仅会执行一次，那么我强烈建议你将它录下来。如果任务是快节奏的活动，也要录下来。已有研究表明，人在快节奏的体育场景中观察时，错过的运动可以多达70%。想象一下，你正在努力分析全国运动汽车竞赛协会（NASCAR）中后勤维修人员更换轮胎的过程，而后勤维修人员的所有行为一共不到15秒。在这样的情况下，对它进行视频录像是非常有必要的。
- 如果你在分析一个不停重复的任务，就要想办法控制这个任务的耗时。此外，要关注不同的人如何实施完全相同的任务。我曾观察同一急诊室的两名护士开展相同的任务，其中一名护士完成任务花费的时间要比另一名护士多3到4倍，为什么会这样呢？这个例子表明，总会有一个更好的方法来完成任务，而真正的挑战往往就是如何找到这个更好的方法。
- 如果相同的任务序列一遍又一遍地被重复，我会首先观察一两遍，以熟悉其中每一个（分立的）任务步骤。然后，我会在随身携带的工作表上按照顺序写下识别的任务步骤（如表4-6所示）。最后，我会再次逐一观察这些任务步骤，同时记录下它们各自的时间测量值。在整个过程中，我会一直使用我提前排列好的“过程步骤分析工作表”。

表4-6 过程任务分析的原始工作表

<table>
<tr><td colspan="2">观察的任务：</td><td>日期：</td><td colspan="3">时间：</td></tr>
<tr><td colspan="2">地点：</td><td colspan="4">分析者：</td></tr>
<tr><td colspan="6"></td></tr>
<tr><td>步骤序号</td><td>步骤描述</td><td>步骤1时间</td><td>步骤2时间</td><td>步骤3时间</td><td>步骤4时间</td></tr>
<tr><td></td><td></td><td></td><td></td><td></td><td></td></tr>
<tr><td></td><td></td><td></td><td></td><td></td><td></td></tr>
<tr><td></td><td></td><td></td><td></td><td></td><td></td></tr>
</table>

- 在测量每个分立的任务步骤时间的时候，我常使用 iPad 的“时钟”应用软件中的“计次”功能（iPhone 也有一样的应用软件）。一开始进行任务序列，我就点“开始”。每一个分立的步骤结束时，我就按下“计次”键。不过要记得，当最后一步结束时，要按下“停止”键。计次的时间是以倒序的顺序排列在屏幕上的（如 5、4、3、2、1），所以你要确保任务的步骤和计次的时间是相互对应的（不要把它们颠倒了）。
- 也许你想更详细地记录下这些独立步骤属于哪一类（如运行、运输等）。在咖啡杯案例的阐述中，我就将运输步骤进一步标码为“空杯运输”（即没有运输任何东西）和“满杯运输”。这种更详细的步骤记录方法组成了基本任务元素分析的核心部分。

读者也许会感到困惑，上一节描述的通用任务分析如何与本节展示的更详细、更具观察性的过程任务分析相结合呢？请再回顾一下棒球游击手的例子。如果我实际观察到的过程任务分析显示一个游击手从抓球到投球的转换时间为 2.6~2.9 秒，我很快就会发现哪里发生了问题（游击手由抓球到投球的动作速度太慢了）。只有某个领域的问题被识别出来时，它才有可能得到改进。

通过更好地理解任务绩效水平需要达到什么层次（尤其是在分立任务步骤层面上），我就可以将预期的绩效表现和实际观察到的绩效表现作出对比。这种对比的作用很强大，我们可以很容易地发现哪里有问题，哪里可以改进。当计量单位是秒，甚至是毫秒时，对比的作用尤为凸显。

尽管通过更宏观的过程任务分析，我们可以有很多收获，但是我们有时也需要特写的、更关注细节的视角以真正理解和分析任务序列，这种需求在分析更复杂的“操作”步骤时尤为显著。此外，许多复杂的操作过程需要使用我们的双手。当我们分析并改进工作效率时，其关键不仅隐藏在细节里，也隐藏在我们的手中。了解如何在细微步骤层面分析手部运动，能够为与运动相关的任务分析提供大量的信息，这一点将在下一节展开论述。

手部微运动分析

虽然我们在工作情境中经常使用感觉、大脑和神经系统，但大多数可观测到的工作是通过我们的双手完成的（尽管我们在使用双手时，感觉、大脑和神经系统也都需要参与）。正如前文提到的，人类的手是极度万能的工具，它们能够完成各种任务，小到穿针引线，大到抡起大锤。从很多方面看，人类能够成功地进化到今天，很大程度上是因为我们会用手抓住和操控物体，会用双足直立行走，并且有质量很高的大脑。

如第二章所述，我们的双手能够使用各种工具，其关键原因在于我们先进的对生拇指，它使我们拥有抓握能力。如果没有（与其他四指对合的）大拇指，人类的手就会失去它诸多卓越的功能。

弗兰克·吉尔布雷斯极度认可手部的作用，他认识到大多数手工工作是由不同的手部运动完成的。此外，吉尔布雷斯在事业早期就发现，认真观察工人们的手部运动能够帮助他判断正在执行的工作的效率。随后，他进一步认识到手工工作是由数量相对较少的基本运动一次次地重复而完成的。从手的角度来看，“手工”执行的任务，如外科手术和汽车维修，实质上使用的是重复的手部运动（尽管这些相同的手部运动正在使用完全不同的工具）。因此，此处手部运动分析所涉及的“手工工作”是指任何用手完成强度较高的工作，不受特定工作场景的限制。

基于对手部的认知，吉尔布雷斯开发了一种以手为中心的分析和改进方法，叫作动素分析（therblig analysis）。“Therblig”是吉尔布雷斯名字

（Gilbreth）除 th 字母以外倒过来的拼写。现在，也有些作者采用术语“手部微运动研究”（hand micromotion study）来指代动素分析。对那些不熟悉动素概念的人来说，“手部微运动研究”这一名称可能更容易理解。

吉尔布雷斯认为，“动素”是在同一位置上执行的所有手工工作的基本结构单元，存在动素的情境就好像某个人正坐在工作台旁或站在手术台前。动素包含手部的物理运动，也包含感觉（主要有关视觉）和心智加工，后者将感受到的信息传送至大脑。我们可以将动素理解为第二章描述的循环的“微结果”，即“感觉—心智加工—信号传递—行动”循环在微观层面上可观测到的、重复的产出结果。

加藤出色地阐述了动素分析理论，并基于吉尔布雷斯之前的工作，提出了动素分类系统，我在这里主要参考了他的理论（也有少许的例外情况）。尽管加藤区分了 18 个不同的动素，我和很多其他学者也只使用其中的 17 个，剔除掉了动素“找”。每当人眼发现东西时，他们的手几乎马上就会抓住它（“抓”也是一个动素），我个人感觉很难区分“找”和“抓”。因为我可以实际观测到“抓”，但是观测不到“找”。

此外，吉尔布雷斯针对每一个动素，都用一个图形符号以及一到两位的缩写字母加以表示。我觉得使用缩写字母要比画出每个动素符号简单得多，所以在这里只使用缩写字母描述动素。

加藤将动素进一步划分为三种主要类型的运动，如表 4-7 总结的。

- **第 1 类动作**是指执行任务时必需的运动。主要包括拿起、使用、加工、组合、操纵物体的手部运动，这些动作涉及的物体在操作过程中起着至关重要的作用。如表 4-7 所示，第 1 类动作涵盖了 9 种不同的动素。
- **第 2 类动作**倾向于延缓第 1 类动作。根据加藤的描述，它们“相比于行动，更多的是思考”。第 2 类动作包括 4 种不同的动素。

- **第 3 类动作**不执行任何操作任务。这类动作阻止操作任务的发生，只产生任务延误。它们一般是指一些“稳定的”动作，操作人员只需要持续约束某个物体即可。第 3 类动作包括 4 种不同的动素。

表 4-7　动素动作总结表

动作类型	动素	符号
第一类动作	1. 空手运输	TE
	2. 抓取	G
	3. 载重运输	TL
	4. 卸载	RL
	5. 安置	P
	6. 使用	U
	7. 拆卸	DA
	8. 装配	A
	9. 检查	I
第二类动作	1. 搜索	Sh
	2. 挑选	St
	3. 计划	Pn
	4. 预备	PP
第三类动作	1. 保持	H
	2. 不可避免延迟	UD
	3. 可避免延迟	AD
	4. 休息	R

接下来的内容描述了每种动作类型各自的动素。值得注意的是，左手和右手可以同时完成不同的动素及不同的动作类型。同时，这里的“物体”可以指所有所需的工具、材料、资源等，它可以是可拾起或用手拿着的物品。

在后面的图示中，“物体”则指代我们拿来讨论的例子——盐瓶。

第 1 类动作的 9 种动素

第 1 类动作共由 9 种动素组成。

1. **空手运输**（Transport Empty，TE）。空手运输动素（词首字母缩写为 TE）表示没有拿着任何东西的手在移动。想象一个正准备吊东西的吊车，此时它就是在空手移动，或“空手运输”。在空手运输的过程中，手往往是带着特定目的在移动，如向前运动的空手运输，其下一步往往就是“抓”。“空手运输”也有可能是向后移动，当你放下某个东西之后，你的手会收回来，这就是向后的空手运输。当没有拿东西的手开始移动时，空手运输就开始了；当手停止移动时，空手运输也随之结束。请看图 4-7，在左边的图片里，手正开始移向盐瓶（这时手的运动就是空手运输）；在右边的图片里，手即将结束空手运输动作，抓取盐瓶。

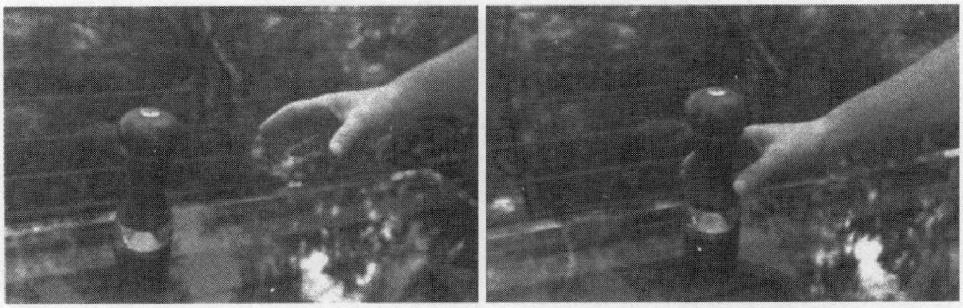

图 4-7　开始（左）和结束（右）空手运输（TE）动作（照片来自克里斯·哈伯）

2. **抓取**（Grasp，G）。当手触碰到物体时，之前的空手运输动作就结束了。手摸到物体后，便抓住物体，这种抓取动作一般是将手指闭合或扣紧在某物周围。手指第一次接触物体就是抓取动作的起始点，而当手已经完全控制住物体时，抓取动作就结束了，图 4-8 表示的就是刚刚结束的抓取动作。请注意，这种抓取动作发生在图 4-7 所示的空手运输和图 4-9 所示的载重运输动作之间。

图 4-8　结束抓取（G）动作（照片来自克里斯·哈伯）

图 4-9　开始载重运输（TL）动作（照片来自克里斯·哈伯）

3. **载重运输**（Transport Loaded，TL）。手持有某些物品（或“运送”该物品）从一个地方到另一个地方，就是载重运输动素（有时也称为运送）。如加藤所述，载重运输可以有多种方式，包括手：

——在空中运送物品；

——推动物品；

——滑动物品；

——拉动物品；

——拖动物品；

——滚动物品。

被抓取物品开始移动的点就是载重运输的起始点，以此类推，被抓取物品停止移动的点就是载重运输的终止点。图 4-9 展示了抓取动作结束后立刻开始进行的载重运输动作。

4. **卸载**（Release Load，RL）。卸载动素是指释放物体的动作，一般在载重运输动作结束之后发生。卸载动作起始于物体开始离开手的时刻，终止于物体彻底脱离手的时刻。
5. **安置**（Position，P）。安置是指为了进行下一个动作，在物体运送期间或运送完成时将它放置于正确的位置，包括转动或移动某个物品。安置动作经常发生在载重运输过程中，在这种情况下，组合成的动作可以被表示为“TL+P”。安置动作起始于手开始转动或定位物体的时刻，终止于物体被放置在正确位置的时刻。
6. **使用**（Use，U）。使用是指出于任何目的使用物体（如工具）的行为。使用一般是指操控工具、装置或某种设备，以达到预期目的。使用动作起始于手开始操控工具或装置的时刻，结束于手停止操控的时刻。图 4-10 是使用动作的两种视图，其中右图中的人就在摇晃盐瓶，即“使用”它以达到预期的目的。

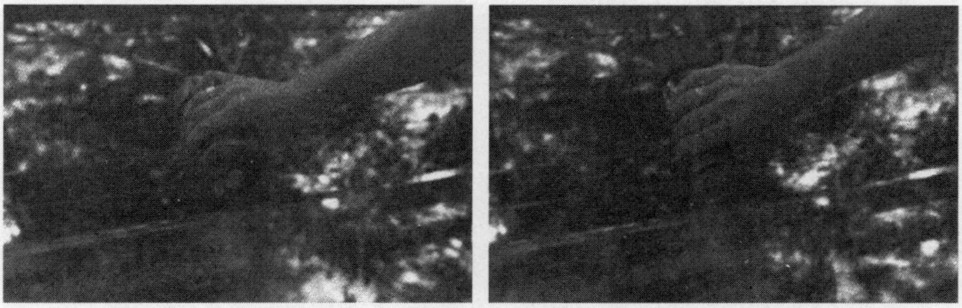

图 4-10　使用（U）动作的两种视图（照片来自克里斯 · 哈伯）

7. **拆卸**（Disassemble，DA）。“拆卸”动素是指拆开原本是一体的物体，或将一个物体分离于它原本组成的母体的动作。手开始将母体上的一部分从母体上分开时就是拆卸动作的开始；手彻底将该部分与母体分离时，分解结束。将螺母从螺钉上拧下来的过程就是拆卸动作的一个例子。

8. **装配**（Assemble，A）。装配是指将一个物体插入或加入另一个物体的行为，如将螺母拧在螺钉上。它是指将一个物体放到另一个物体的里面或上面，使它成为另一个物体的组成部分。加藤得出了一条关于装配动素的重要理论，他注意到“除非装配动作发生在安置动作后”，否则装配效果不会很好。装配动作要紧随安置动作发生，这一点可以用“P>A”表示，而更有可能的一种表示方法则是用“TL+P>A”表示。当手开始将零件放到它的组装位置时，装配动作开始；当手结束此组装动作时，装配动作结束。

9. **检查**（Inspect，I）。检查动素往往包含检验物体（无论它是独立的还是组装的），以确定该物体的尺寸、形状、颜色以及其他属性是否符合标准。检查动素可能使用视觉（通常情况下）、听觉、触觉、嗅觉，甚至味觉，因此，检查“动作”主要是心智反馈，有时也会与其他动素同时发生。检查动作起始于眼睛或其他人体感觉系统开始检查物体的时刻，终止于检查过程完成的时刻。

第 2 类动作的 4 种动素

第 2 类动作共有 4 种动素。第 2 类动作会延缓第 1 类动作，它包含的思考比包含的行动更多。

1. **搜索**（Search，Sh）。搜索是指用眼睛（也包括其他感觉）或手搜寻或探索某物。搜索开始于眼睛或手开始搜寻某物的时刻，结束于物体被找到的时刻。加藤注意到，确定搜索动作的起始点是观察者主观的判断。为此，他提供了三条一般指南：

a. 当某人已经知道他要搜索的东西和东西的大概位置时，这种动作不是搜索；

b. 当某人知道他要搜索的东西是什么，但不知道东西的位置时，这种动作是搜索；

c. 物体被拿起来的时候（抓起），搜索动作就结束了；有时，物体也会被其他东西挡住，一旦移开了阻挡物，搜索动作就结束了。

2. **挑选**（Select，St）。挑选动作发生在搜索物品并成功找到物品所在的集合（group）后，是指实际将物品从该集合中挑选出来的过程。然而在实践中，判断搜索结束、挑选开始的点（如果这个点存在的话）往往非常困难。因此，人们往往将搜索和挑选两个动作组合到“挑选”一个动素下。在“搜索－挑选”这个动作组合体中，挑选指在一些物体中搜索并定位目标物体。在这一层面上，挑选（St）起始于眼睛或手开始搜寻物体，结束于定位到目标物体（往往就发生在“抓取”的前一刻）。基于这样更宽泛的定义，空手向前移动的过程（空手运输）就被融入了“挑选”动作。然而正如上文“搜索”动作所述，如果人知道物体的大概位置，那么将手向前移动并不是搜索动作的一部分，而是空手运输动作。

3. **计划**（Plan，Pn）。计划是指决定如何开展工作任务的心智活动，它一般发生在物理运动之前。当人开始决定任务的下一步如何实施时，计划动作开始；当决定了下一步骤时，计划动作结束。

4. **预备**（Preposition，PP）。预备是指将物体放置于预先选定的地方，也包括将物体放至在正确位置以便开展随后的动作。如加藤描述的，将茶壶的手柄置于竖直的位置使下一个来的人更方便拿取，就是“前预备”动作。“安置”和“预备”很像，只是在预备中，物体被置于某处或某种布局内的目的是为了随后的动作。

第3类动作的4种动素

第3类动作并不直接执行任务。这类动作共有如下4种动素。

1. **保持**（Hold，H）。保持表示物体保持不动，人不去使用它，也不会移动它。不过这里要注意，对惯用右手的人来说，当右手在物体上“开展”第1类动作时，左手通常也正拿着物体。例如，右手作业的护士在插入针管准备抽血时，总会用左手“持着”注射器，用右手操作针管进行抽血（“使用”动素）。在这个例子中，我建议将左手“保持”的动作视为“使用”动作，因为护士的双手都在操控或“使用”这个注射器。保持开始于物体停止运动时，结束于下一个动作开始时。
2. **不可避免延迟**（Unavoidable Delay，UD）。不可避免延迟是由执行任务人员责任之外的原因导致的延迟（即执行人员无法避免的）。不可避免延迟发生的原因可能是工作过程中的故障或中断，它起始于手停止活动时，结束于手恢复活动时。
3. **可避免延迟**（Avoidable Delay，AD）。可避免延迟是指在正确改善任务序列的情况下，可以完全剔除的延迟或备用动作。正如加藤所描述的，动素分析很重要的一点就是“发现可避免延迟，然后通过一些改进措施来消除这些延迟。”可避免延迟开始于规定的运动序列中断的时刻，结束于工序重新开始的时刻。
4. **休息**（Rest，R）。休息是指任务执行人员（也许为了缓解疲劳）正在放松，此时他没有执行工作。在一些情况下，工序中主动安排了休息时间；而在另一些情况下，休息可能反映了疲劳，即工作和工作所需的工具处于过度消耗的状态。休息开始于工人停止工作的时刻，结束于他们恢复工作的时刻。

注意，“抓取”是许多其他动素的基础。例如，除非我们首先抓取了某物并持续“抓着”它，否则我们不能进行运输、使用、安置、分解或保持动作。对生拇指就是让我们双手如此独特的原因，通过对生拇指，无论使用几个手指还是整只手，人类都可以抓取几乎任何东西。

不可否认，动素分析这种方法需要人们经过一些练习才能掌握。我的建议是从分析非常简单的任务开始练习，尤其是家中的日常任务。例如，你在吃饭时拿起盐瓶，把盐洒在食物上。从动素分析的角度如何解读这些动作呢?

我们假设你知道你要搜索的物体（盐瓶）和它在厨房餐桌上的大概位置（不需要搜索或挑选过程）。我们假设你是习惯使用右手的人，那么这个右手的动作序列将包括：

1. 伸手拿盐瓶（空手运输动作，TE）；
2. 抓取盐瓶（抓取动作，G）；
3. 将盐瓶拿到你的盘子旁（载重运输动作，TL）；
4. 把盐洒在食物上（使用动作，U）；
5. 把盐瓶放回它原来的位置上（载重运输动作，TL）；
6. 将盐瓶放到桌子上（卸载动作，RL）；
7. 把手放回盘子旁边原来的位置（空手运输动作，TE）。

这个动素动作序列可以被表示为：TE > G > TL > U > TL > RL > TE。图4-7（TE）、4-8（G）、4-9（TL）、4-10（U）描述了人们执行这个任务序列前四个动作的样子。

注意在这个拿取盐瓶的例子中，所有行为都是第 1 类动作，也就是说所有这些动作都是执行“使用盐瓶”的任务必须要完成的。如果一开始没有抓取盐瓶，真正使用或“摇晃”盐瓶的动作也就无从谈起。因此，这个动素序列不能去除任何一个动作（尽管摆放盐瓶的位置离人近的话，可以减少一些运输动作）。

不过，如果盐瓶被番茄酱瓶子挡在了后面，你就必须先搜索它，这样一来整个任务包含的动素就会发生变化。在这种情况下，首先要进行第 2 类动作中的搜索（Sh）。还记得吗？第 2 类运动更像是第 1 类动作的慢速版，在这种情况下，首先要搜索盐瓶，这比你直接把手移向它（TE）更慢。

这时候，你的左手在做什么呢？在拿盐瓶的过程中，如果你的左手正拿着一个叉子，并持续地拿着它，那么你的左手运动就是第 3 类动作的保持（H）。如果你的左手是空着的，只是放在桌子上并没有做任何事情，那么它就是动素休息（R），或是可避免延迟（AD）。

让我们再分析另一个例子，这次你想把螺母拧在螺钉上。你的左手拿着螺钉（这是“使用”动素，因为这个动作是完成装配动作必需的），右手将螺母拧在螺钉上。再假设这个螺母正放在一个罐子里，罐子里还有许多大小不一的螺母。在这种情况下，你的右手必须：

1. 挑选（St）出罐子里正确的那个螺母（需要使用眼睛）；
2. 抓取（G）罐子里正确的那个螺母；
3. 移动（载重运输，TL）螺母，并将它安置（P）在螺钉旁（TL+P）；
4. 将螺母拧在螺钉上（装配，A）。

这个右手操作的微运动任务序列可被表示为：St > G > TL + P > A。

不同于之前拿取盐瓶的例子，此例序列中有第 2 类动作，即动素挑选

（St）。“挑选”动素延缓了接下来的抓取动作。

除了像拿取盐瓶或螺钉螺母这种非常简单的任务外，每当进行动素分析时，我总是先用视频录下动作序列。据说弗兰克·吉尔布雷斯能够轻易地实时记录下非常复杂的手部动作序列，但我做不到那么快，我发现大多人也做不到。

当我观看手部动作的录像时，我会在一张空白的“动素分析原始工作表”上记录左手或右手的每个移动动作，如表 4-8 所示。如果左手或右手的栏目里没有记下任何东西，就意味着这只手没有被使用。“眼睛”的栏目主要用来记录“搜索”和“检查”的动素。表 4-9 是完整描述取盐瓶的过程中右手的“动素分析工作表”。

表 4-8　动素分析原始工作表

序号	任务要素	左手动作	动素			右手动作
			左手	眼睛	右手	

表 4-9　“盐瓶”任务动素分析的工作表样本

任务要素	序号	左手动作	动素			右手动作
			左手	眼睛	右手	
在食物上撒盐	1				TE	够到盐瓶
	2				G	

（续表）

任务要素	序号	左手动作	动素			右手动作
			左手	眼睛	右手	
在食物上撒盐	3				TL	
	4				U	撒盐
	5				TL	
	6				RL	
	7				TE	手放回盘子旁边

同时请注意，在动素分析过程中，由于大多数的手部运动是在零点几秒的时间内完成的，因此我们经常不会记录动素的时间。实际上，动素分析的目的就是搜索与破坏，它的重心在于尽可能多地辨别并剔除第 2 类和第 3 类动作，同时也旨在缩短所有的运输距离。

总之，动素分析是手部的微运动分析。它可以提供特定操作步骤的大量信息，尤其是操作步骤序列中浪费了的微运动。综上所述，进行动素分析的重要意义就是发现所有浪费的运动，尤其是第 2 类和第 3 类的动作。

我经常被问起应该何时展开过程任务分析或动素分析，有时也听到类似于“谁会用到这些东西？”的问题。最后一节将解释这两个问题。

人体动作应用分析

第一类适合进行人体运动分析的对象是那些简单的、持续时间短的、具有高度重复性的任务或任务序列。正如之前的案例阐述的，每个单一的任务步骤节省下来的一点点时间，当以小时或天为单位进行累计计算时，就可以转化为巨大的产量收益和成本。此外，它们能使人们完成更多的工作，而消耗的能量（疲劳度）不变甚至更少。因此，在高度重复类型的任务中，微观层面的小改进可以转化为巨大的效率收益。

遗憾的是，精益六西格玛的许多改进措施都忽略了这些短时任务，认为它们没有太大的价值，绩效改进团队往往致力于改进所谓效果显著且庞大昂贵的任务。然而，我的观点完全相反。事实上，无论是作为内部绩效改进顾问还是外部支持顾问，我所获得的效率收益最大的案例，使用的方法都是减少高度重复性任务序列中那短短的几秒钟。所以微观层面的改善，往往能够累积成巨大的宏观收益。

第二类适用对象是对时效性要求极高的任务类型。在这类任务中，时间就是一切。例如，生产制造中的生产准备和周转任务就属于对时效性要求很高的任务。尽管这类任务在生产制造中也是必需的，但（若执行不好）它们通常会影响生产。因此，将生产准备和周转任务的耗时限制在一个最小值内，对很多生产情境都很重要。

人体运动分析技术还可以应用于工作时间固定且持续时间较短的工作场景中。例如，在日本福岛核反应堆这一工作场景下，负责清理工作的工人们接触辐射性污染区域的时间必须受到严格的限制。一般情况下，他们每次只能在这些“发热”区域工作 10~30 分钟。在这样限制时间的情况下，尽可能使工作量最大化是非常重要的。

综上所述，无论是在宏观的过程任务分析层面，还是在微观的动素分析层面，人体运动分析主要针对那些持续时间短、重复性强以及时效性要求高的任务。

相对来说，回答“谁会使用这些东西”似乎更困难一些。也许真正的答案是：并没有那么多人能使用。我认为这种方法未被广泛普及的一个原因是许多绩效改进专家缺少人体运动分析的必备技能和相关训练，不过如前文所述，这种方法非常好学，而且非常有用。此外，分析倒咖啡或拿取盐瓶的任务序列与分析更复杂的工作场景中的任务并无差别，从分立的任务步骤层面分析，人类的手脚运动基本上都是相同的。因此，可以从简单任务开始，一步步积累起来。

有趣的是，有些人似乎是天生的运动分析师和效率改进专家，尽管他们可能并不这么认为。请看以下三个有关“精益”的“事迹”。

- 2012 年 10 月 16 日凌晨三点多，两名男子潜入了位于荷兰鹿特丹的康索博物馆。96 秒后，监控镜头拍下了他们离开博物馆的画面。这两名盗贼离开博物馆以后，警报才响起。在短短的 96 秒内，这两名盗贼偷走了 7 幅画，其中有莫奈的《滑铁卢大桥》《伦敦》，高更的《敞窗前的女子》和毕加索的《小丑泰德》。被偷走画作的总价值超过了 1 亿美元。
- 2013 年 2 月 19 日，8 名全副武装的男子驾驶两辆带有警标和闪光灯的黑色汽车，冲破了比利时布鲁塞尔国际机场的防护栏，直接冲向瑞士赫尔维蒂航空公司正在装货的客机。这架飞往瑞士苏黎世的飞机后货舱载有未加工的钻石，当时飞机的后货舱门仍然开着。盗贼带着 120 袋价值大约 5 千万美元的钻石成功逃脱。他们在防护栏内的全部时间只有 11 分钟，在飞机上实际抢劫的时间不到 3 分钟。
- 1994 年 2 月 12 日的夜晚，一名男子顺着梯子爬上了挪威国家美术馆的二楼。大约 50 秒后（根据监控摄像头记录显示），盗贼将埃德蒙·蒙克的《呐喊》扔给在一楼等待的同伙。画作被盗时，价值 7 200 万美元，等到被发现时，画作已经在拍卖会上被卖到了 1.999 亿美元。

在上述每个盗窃案件中，速度都是关键要素。爱德华·多尔尼克对《呐喊》的盗窃案是这么描述的：“如果盗贼进出画室的速度足够快，那么最好的警铃也只是背景噪声。”

我当然不是鼓动大家用精益绩效改进的技术去犯罪，但是我确实认为我们可以通过研究这些抢劫案件学到一些东西：预先的任务分析和计划能够使我们在一定的时间范围内完成工作。因此，我们要高度重视计划和安排，并付诸于我们的工作中。这包括增强意识、察觉并去除费时费力的人体运动以及相关的任务步骤，这样一来，我们也能够做到“进出速度足够快”。

第五章　提升人员生产率的具体方法

在第四章中，我介绍了两种动作分析技术。一种叫作过程任务分析，主要聚焦大幅度动作；另一种叫作手部微运动分析（动素分析），主要关注手部的动作。不过，如果你觉得很难记清这些拗口的名字，可以把它们简单记成——“双脚和双手”。

双脚让我们能够进行大幅度运动或运输行为，双脚的运动也需要腿部的运动。与双脚有关的运输包括空手运输（transport empty，空着手移动）和载重运输（transport loaded，手里带着一些东西移动，无论是一只手拿着东西，还是两只手都拿着东西）。

同理，我们的双手也会产生许多动作，且大多属于精细动作。正如双脚需要双腿一样，双手也需要双臂，然而，胳膊的长度往往会限制手部运动的“伸展范围”，这一点将在下文作进一步阐述。

改进人员的运动性能可以直接提升人员生产率，且可以采取许多不同的形式。然而，通过对这个问题的多年研究，我发现一些基本的人体运动改进策略（如果你愿意，也可称之为“主题”）一直被重复不断地使用。也就是说，尽管如何改进人体运动、在哪一步改进人体运动这些问题的答案似乎在各种工作场景中大相径庭，但是解决这些问题的基本策略却始终如一。我区分了六类重复出现的策略，将其列入我的“通用运动改进策略”（Universal Motion Improvement Strategies）清单。当然，我并不确定这个清单列出的条目具有绝对的穷尽性，但是我确实认为它是一个符合“二八定律”的雏形清单。

表 5-1 总结了我所区分的六类通用策略。如表 5-1 所示，这些策略涉及的主要身体部分不是手就是脚。这些策略还包括两个主要的改进技巧：重新设计任务（和相关的任务序列）；重新设计任务所在的工作场景布局。下文的六个部分将详细展开对每个运动改进策略的阐述。

表 5-1　通用运动改进策略清单

序号	策略	主要身体部位	理论上的改进区域
1	减少空手运输步骤	双脚	重新设计任务
2	尽可能缩短运输距离	双脚	重新设计布局
3	消除所有可避免的延迟	手脚	重新设计任务或布局
4	消除“搜索”和“挑选”动素	双手	重新设计布局
5	最优化伸展到达过程	双手	重新设计布局
6	消除计划外疲劳所致的休息	双手	重新设计布局或工具

减少空手运输步骤

汽车货运公司常常把在高速路上货车空车运行（即没有运送盈利的装载物）的时间尽可能缩小至最短，因为这种叫作“空车运输”（deadheading）的情况只会增加成本、浪费时间。人们步行时进行的空手运输和空车运输在本质上是一样的，这样的过程既浪费了时间，也降低了工作效率。因此，就像汽车货运公司的策略一样，这类任务步骤即使不能全部消除，也应该尽可能地最小化。

还记得我在第四章讲的倒咖啡的任务吗？我描述了两种不同的倒咖啡工序。一种是我从客厅走向厨房取咖啡壶，然后回到客厅，为我妻子倒满第二杯咖啡。随后，我把咖啡壶送回厨房，再走回客厅。第二种则是我把我太太的咖啡杯带到厨房，倒满咖啡后，拿着满杯的咖啡回到客厅。我把第一个任务序列叫作“将咖啡壶拿到咖啡杯旁”，第二个任务序列叫作“将咖啡杯拿到咖啡壶旁”。

在第四章的讨论中，我介绍了“过程任务工作表”。在该表中，在区分我用脚走路的步骤时，我只泛泛地将其分类为“运输”。现在我将对它进行更详细的分类，共有如下四种类型。

- **短距离空手运输**（Transport empty over a short distance，TE-SD），是指空着手，只移动几米的距离。
- **长距离空手运输**（Transport empty over a long distance，TE-LD），是指空着手，但移动更长的距离，如从客厅走到厨房，从厨房走到客厅。
- **短距离载重运输**（Transport loaded over a short distance，TL-SD），是指我现在手里拿着（无论是空是满）咖啡壶或咖啡杯，移动几米的距离。
- **长距离载重运输**（Transport loaded over a long distance，TL-LD），是指从客厅走到厨房，从厨房回到客厅，手里一直拿着（无论是空是满）咖啡壶或咖啡杯。

接下来，我用这些更精细的运输分类，重新编写了第四章介绍的“过程任务分析工作表”（参见表 4-3 和表 4-4）。表 5-2 描述了“将咖啡壶拿到咖啡杯旁”的工序，表 5-3 描述了“将咖啡杯拿到咖啡壶旁”的工序。

表 5-2 “将咖啡壶拿到咖啡杯旁”的过程任务分析工作表

步骤	步骤描述	符号	时间（秒）	备注
1	走到厨房（空手）	TE-LD	11.2	
2	从咖啡机上拿取并移动咖啡壶	●	2.1	
3	将咖啡壶拿到客厅	TE-LD	9.9	
4	将咖啡倒入咖啡杯	●	4.6	
5	将咖啡壶拿到厨房	TE-LD	10.3	
6	将咖啡壶放到咖啡机上	●	1.8	
7	走回客厅，坐下	TE-LD	10.7	
		共计	50.6	

表 5-3 “将咖啡杯拿到咖啡壶旁”的过程任务分析工作表

步骤	步骤描述	符号	时间（秒）	备注
1	从座椅上起身，走向太太的座椅	TE-SD	1.9	
2	拿取并移动咖啡杯	●	1.4	
3	把空咖啡杯拿到厨房的咖啡机处	TL-LD	10.4	
4	移动咖啡壶，把咖啡倒入咖啡杯中	●	6.8	
5	重新把咖啡壶放到咖啡机上	●	3.6	
6	把装满的咖啡杯拿给客厅的太太，将咖啡杯放到咖啡桌上	TL-LD	10.7	
7	回到座椅处，坐下	TL-SD	1.9	
		共计	36.7	

最后，我计算了各个任务步骤的时间，如表 5-4 所示的总结表，表格里只记录了“运输”步骤的子范畴数据。你在表 5-4 中观察到了什么？首先，两种工序的运输总时长不同：“将咖啡杯拿到咖啡壶旁”的总运输时间为 25 秒；而“将咖啡壶拿到咖啡杯旁”的总运输时间为 42.1 秒。请注意，在用时较短

的 25 秒工序内，并没有长距离空手运输（TE-LD）的情况。但在用时较长的 42.1 秒的工序内，却有两个 TE-LD 步骤，它们耗费了 21.2 秒，基本上占整个工序周期时间的一半。

表 5-4　分析“倒咖啡”任务的对比总结表

步骤类型	将咖啡壶拿到咖啡杯旁		将咖啡杯拿到咖啡壶旁	
	第 # 步	时间（秒）	第 # 步	时间（秒）
TE-SD	0	0	2	3.8
TE-LD	2	21.9	0	0
TL-SD	0	0	0	0
TL-LD	2	20.2	2	21.2
共计	4	42.1	4	25.0

尽管这种时间上的差距看起来微不足道，但是在高度重复的任务序列中，这将会是一个很大的时间差。如果我们能在任务中去掉这道耗时 21.2 秒的工序，那么当我们以小时或天为单位进行计算时，将会节省很多时间。

发现了这些步行空手运输步骤后，我们还会发现整个不增值的迷你任务序列。例如，表 5-5 所示的“过程任务分析工作表”中描述了预防性维修（Preventive Maintenance，PM）活动的程序，图中圈出了 3 个空手运输步骤（当然，你需要仔细阅读对步骤的描述才能发现它们）。

表 5-5　预防性维修任务分析表

序号	步骤描述	符号	时间（分钟）	备注
1	走到大楼内的维修位置		10	PM 工作开始
2	执行 PM 相关工作		30	常规 PM 工作
3	走回维修车		10	维修车停在停车场
4	搜索需要的信息，以便继续进行 PM		15	搜索服务手册

（续表）

序号	步骤描述	符号	时间（分钟）	备注
5	走回 PM 处	➡	10	
6	继续 PM 相关工作	●	20	
7	走回维修车	➡	10	
8	搜索替换垫圈，以便继续进行 PM	D	10	并不在以为的地方
9	走到 PM 处	➡	10	
10	继续 PM 相关工作	●	15	常规 PM 工作
11	走回维修车	➡	10	
12	搜索替换滤器，以便继续进行 PM	D	5	
13	走回 PM 处	➡	10	
14	完成 PM 相关工作	●	15	常规 PM 工作
15	最后一次走回维修车	➡	10	PM 工作完成

根据工作表描述的工作步骤和备注信息可以看出，维修工人反复中断他在大楼内的维修活动，因为他们经常要走回停在大楼外停车场附近的货车上，搜索并拿取需要的零件和信息。工人只有找到需要的东西后，才会回到大楼，重新开始维修工作。这些中断性质的“迷你序列”不能创造价值，它们是由工作步骤“运输—延迟—运输”串联而成的，表 5-6 中已用圆圈将其标出。

表 5-6　增加无价值的运输相关步骤子集

序号	步骤描述	符号	时间（分钟）	备注
1	走到大楼内的维修位置	➡	10	PM 工作开始
2	执行 PM 相关工作	●	30	常规 PM 工作

（续表）

序号	步骤描述	符号	时间（分钟）	备注
3	走回维修车	➡	10	维修车停在停车场
4	搜索需要的信息，以便继续进行 PM	D	15	搜索服务手册
5	走回 PM 处	➡	10	
6	继续 PM 相关工作	●	20	
7	走回维修车	➡	10	
8	搜索替换垫圈，以便继续进行 PM	D	10	并不在以为的地方
9	走到 PM 处	➡	10	
10	继续 PM 相关工作	●	15	常规 PM 工作
11	走回维修车	➡	10	
12	搜索替换滤器，以便继续进行 PM	D	5	
13	走回 PM 处	➡	10	
14	完成 PM 相关工作	●	15	常规 PM 工作
15	最后一次走回维修车	➡	10	PM 工作完成

如果提前打包好一个预防性维修工具箱（PM service kit），里面装有所有需要的物资、信息和工具，就能成功消除这些任务中断。如果为维修工人准备好工具箱，每次维修活动就可以节省大约 90 分钟的时间，几周下来，累计节省的时间将非常可观。此外，节约时间意味着节省成本，每次维修活动可以削减大约 45 美元的平均劳动力成本。

因此，管理者要时刻警惕任务工序中的步行空手运输步骤。尽管有时候这样的步骤确实有必要，但在更多时候是完全可以去掉的。此外，有时这些空手运输步骤和其他不增值的步骤是“绑定”的，对于这种情况，管理者通常可以消除整个绑定。一定要牢记：任何改进运动效率的工作，其目标都是从微观层面进行改进，积累宏观层面的巨大收益。

缩短运输距离

某天，你走进了最喜欢的快餐店吃午餐，点了芝士汉堡、薯条、巧克力奶昔（当然，这不是世界上最健康的食物）。提交订单后，请你仔细观察菜品的准备过程。注意如下三件事情。

1. 你的“订单”由不同的部分组成（芝士汉堡、薯条、奶昔），这些东西都需要过程（如生产）和组合。
2. 这些不同的过程任务和组合任务是在不同的操作台进行的（例如，炸薯条操作台、奶昔操作台、汉堡操作台和配餐台）。
3. 最后，观察餐厅服务人员从一个操作台走到另一个操作台以便配置订单的运动。事实上，他们好像一直游走在操作台之间。

诚然，服务人员在每一次操作中，移动的距离只有几米。但是积少成多，一个个“几米”叠加起来会形成很长的运输距离。我曾估算过，每一个员工每年会走大约 380 英里（约 611.55 千米）的距离，这需花费 135 工时。

现在我们思考一下那些短短“几米”的距离。增加薯条、奶昔和汉堡操作台之间的距离既不能创造价值——薯条没有变得更酥脆，汉堡没有变得更多汁，也不能提高配置订单的速度。因此，减少任务周期时间最常使用的一个策略就是减少步行运输的距离，尤其是操作台之间的距离。

如图 5-1 所示，图中是一个包含 6 个独立操作台的工作场景布局。这 6 个操作台整齐地排成两排，装有供给品的橱柜也沿着墙排列开来。在这个工作场景中，人们加工食物、配置订单（就像刚才快餐店的例子）。他们每天处理20多个订单，每年共处理约5 000个订单。

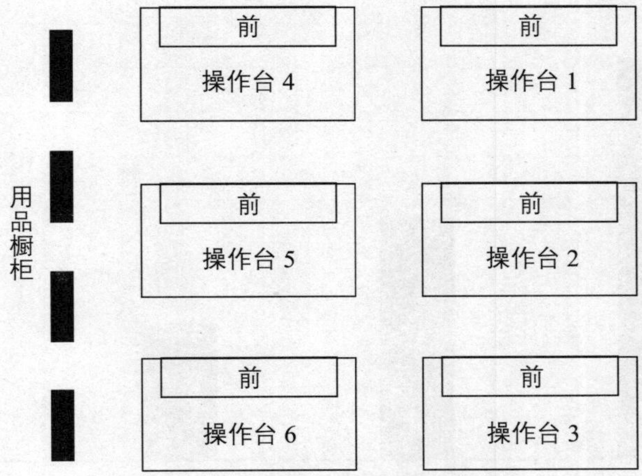

图 5-1　最初的工作台布局

不过，每次配置订单时，他们并不需要使用图中全部操作台，每个订单涉及的操作台也各不相同。你会如何分析并尝试改进图中操作台的布局呢?这里提出了一种方法。

订单记录向人们显示了完成每个订单要涉及哪些操作台，以及需要以什么样的顺序使用这些操作台。这些操作台的类型和序列数据是安排人体运动的宝贵财富，通过分析这些信息，我们可以更好地理解哪些操作台间的运输频率（也就是员工们的行走路线）较高，哪些运输频率较低。通过分析近一年的订单，我们发现了如下有关路线的信息：

- 路线“操作台 1 到操作台 6”占据总时间的 46%；
- 路线“操作台 4 到操作台 6”占据总时间的 28%；
- 路线“操作台 2 到操作台 1，再到操作台 #6”占据总时间的 16%；
- 路线“操作台 5 到操作台 3”占据总时间的 10%。

图 5-2 的条形图表示了它们各自的占比。随后，我在原始的布局图中标明了路线，如图 5-3 所示。

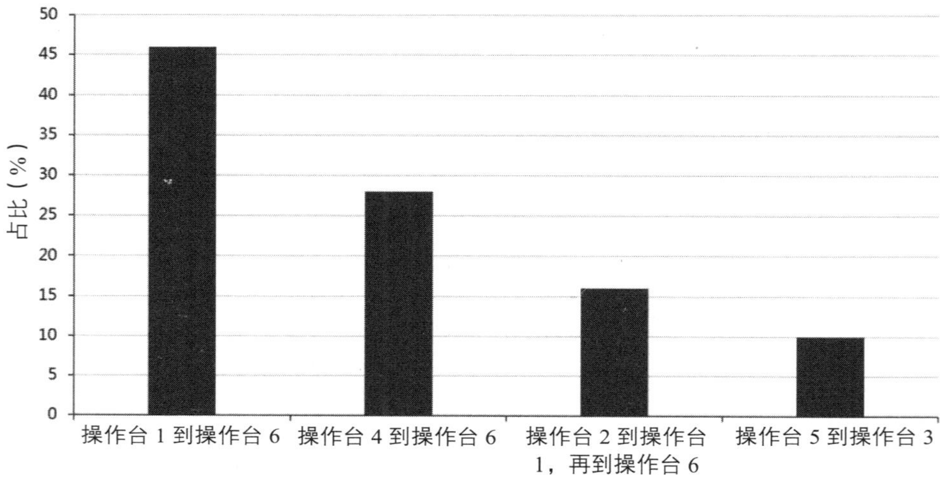

图 5-2　工作台路线频率图

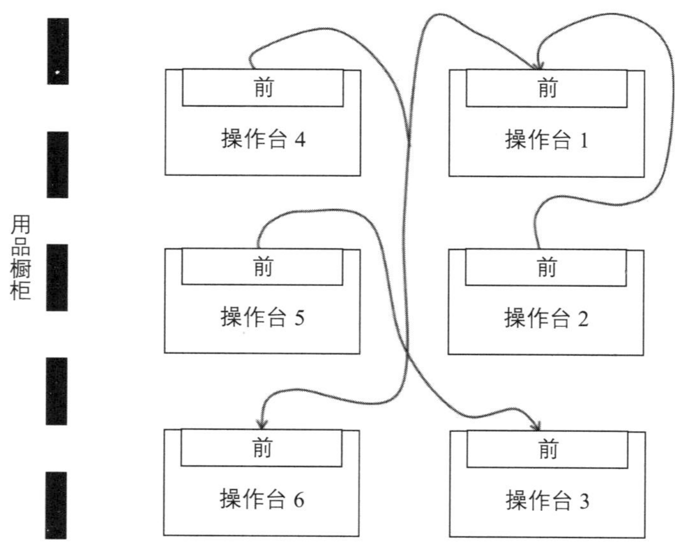

图 5-3　原始工作台之间的运输路线

PUHUA BOOKS

BOOKS
普华经管

BOOKS
普华心理

我 们 一 起 解 决 问 题

中国工信出版集团

人民邮电出版社有限公司
POSTS & TELECOM PRESS Co.,LTD

股票大作手操盘术

融合时间和价格的利弗莫尔准则

投资理财

作者：【美】杰西·利弗莫尔

书号：978-7-115-29236-0

定价：35.00元

- 大萧条时代传奇人物利弗莫尔的唯一亲笔作品，一生操盘经验的纯干货提炼；
- 著名投资思想家和金融翻译家丁圣元十年倾力改版译作，图文解读十大操盘规则；
- 全彩四色印刷，完整再现利弗莫尔手录数据表。

投资的护城河

晨星公司解密巴菲特股市投资法则

投资理财

作者：【美】希瑟·布里林特

【美】伊丽莎白·柯林斯

书号：978-7-115-43451-7

定价：59.00元

- 凝结华尔街知名评级机构晨星公司投资精髓，精解巴菲特的护城河投资理念和估值分析方法，让《华尔街日报》排名居首的评级机构帮你投资！
- 站在巴菲特和晨星公司的肩膀，做聪明的投资者。

股票大作手回忆录

（超值畅销版）

投资理财

作者：【美】埃德文·拉斐尔

(Edwin Lefevre)

书号：978-7-115-34914-9

定价：35.00元

- 畅销90年的投资经典著作；
- 股票操盘交易者的收藏之作；
- 收录华尔街大空头杰西·利弗莫尔的真实生平细节；
- 从这本书中，可以看到一个操盘手的人生哲学，一个大时代的缩影，以及股票交易的本质和交易者的内心世界。

手把手教你买基金

投资理财

作者：书签客

书号：978-7-115-48871-8

定价：55.00元

- 新手都能看懂的基金投资指南，好懂、好用的个人稳健投资策略指南；
- 雪球专家经验总结，写给看不懂财报、害怕股市被套、同时又嫌存款利率低的普通人；
- 作者对基金有多年研究，详细讲解了有关基金投资的诸多实操问题，在书中一步步、手把手教你走过基金投资的每一步。

期货交易从入门到精通

投资理财

作者：【美】拉塞尔·沃森道夫

(Russell R. Wasendorf)

书号：978-7-115-48138-2

定价：69.00元

- 40年期货交易经验总结，全面梳理期货交易机制、方法和常识；
- 知乎金融话题优秀回答者执笔翻译，针对国内市场特点，附加大量关于国内期货市场的注释和说明；
- 期货交易者的完备指南：简单学习，简单操作，简单盈利。

指数基金定投，慢慢变富

投资理财

作者：二师父

书号：978-7-115-53779-9

定价：59.00元

- 手把手教你指数基金定投，稳健长赢法则；
- 雪球专栏多年定投经验总结，专为普通投资者设计的稳健投资方式，立足国内市场的指数基金定投实战策略；
- 三大定投策略，告诉你什么时候买入、什么时候卖出；五步定投法，教你学会指数基金定投全过程；轮动配置操作，让你知道卖了之后买什么，实现长期稳定获利。

多维度思考

拥有正确判断和科学决策的100条极简法则

成长励志

作者：【英】理查德·泰普勒
书号：978-7-115-53712-6
定价：59.00元

- 英国百万畅销书作者、个人成长大师最新力作；
- 100条思考法则，决策性思考、批判性思考等9种思考方式，帮助读者移除混乱、模糊、缺乏逻辑的思维障碍，培养出清晰、高效、有条理的思考习惯，在遭遇问题时能够更顺利地进入有益的思维流程；
- 樊登、有书、精读、富书、老李校长、拆书帮等联袂推荐。

成长型思维

从平凡到优秀的七种思维模式

成长励志

作者：【英】乔·欧文
书号：978-7-115-45064-7
定价：49.00元

- 英国特许管理协会CMI年度图书金奖；
- 汇聚155位杰出领导人的成功案例，聚焦57个破茧案例，深入剖析如何培养终身成长的思维模式；
- 多位知名专家、自媒体创始人联袂推荐。

学会说话

社交沟通中的刻意练习

成长励志

作者：张心悦
书号：978-7-115-53386-9
定价：59.00元

- 从科学的心理学角度分析，解决四大沟通问题，专治各种“说不清”“听不懂”“不会问”“沟通不明白”；
- 28个沟通攻略+28个刻意练习任务书，逐个击破常见的28个沟通问题，工具+公式，实用性强；
- 10余位业内企业家、创业者联合推荐；
- 随书附赠超值微课8堂；

复盘思维

用经验提升能力的有效方法

企业管理

作者：郑强
书号：978-7-115-51594-0
定价：49.00元

- 深度思考的落地方法，不断精进的成功算法，理念+工具+全流程指导；
- 只需按照书中的步骤反复实践，就可以对自己的经验有一个全新的认知，让自己的人生真正到达一个新的高度。

破局

超越同龄人的思考与行动指南

成长励志

作者：哈叔
书号：978-7-115-52139-2
定价：45.00元

- 职场达人、百万粉丝职场公众号运营者哈叔全新力作；十点读书、思想聚焦 重磅推荐；
- 一本写给年轻人的提升格局、打破困局的思考与行动指南；
- 作者从思维、视界、做事、处世、沟通、管理六个方面，诠释破局之道；通过众多真实、鲜活的案例点出了“格局决定人生”这一真谛，并给出了打破困局、创造美好人生的诚恳建议。

极简工作法则

如何成为领先的少数人

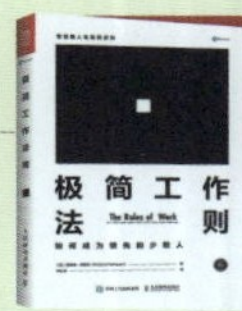

社科经管

作者：【英】理查德·泰普勒
书号：978-7-115-45687-8
定价：49.00元

- 畅销欧美的心理励志书，英国家喻户晓的长销书；
- 全球累计销量超过200多万册，长踞英国亚马逊排行榜前100位，影响力不亚于《哈利·波特》；
- 作者理查德·泰普勒被誉为“个人成长”的导师，据不完全统计，全球有超过240万人在按照他建议的规则行事；
- 英文原版豆瓣评分8.1

人力资源、行政、后勤管理流程与规范化执行

人力资源

作者：孙宗虎 王瑞永

书号：978-7-115-50105-9

定价：59.00元

- 以“流程+ 制度+ 方案+ 文书”的形式介绍了企业人力资源、行政事务、后勤保障三大方面的管理流程以及可供执行的制度规范；
- 提供标准化、规范化、制度化、工具化、流程化和实务化“六化合一”的解决方案；
- 书中给出了多个行业的管理制度范例以及大量可以“拿来即用”的模板，为企业管理工作提供了具有参考价值的范本。

薪酬总监修炼笔记

我在世界500强公司管薪酬

人力资源

作者：翁涛

书号：978-7-115-50172-1

定价：69.00元

- 解密薪酬管理背后的企业经营战略；
- 世界500强公司薪酬总监手把手教你开展薪酬管理工作；
- 实战案例剖析薪酬管理奥秘，一问一答为薪酬人员答疑解惑；
- 多位业内专家倾情推荐。

社交招聘

人力资源

作者：尹利

书号：978-7-115-52453-9

定价：69.80元

- 社交招聘开山之作，招聘3.0时代的制胜利器
- 新互联网时代招聘实战指南，旷视科技人力资源总监全新力作；
- 脉脉CEO林凡、猎聘网CEO戴科彬推荐；
- 一本书掌握社交招聘的理念、方法、工具和技巧。

人力资源管理大变革

新型HR如何影响业务、创造价值

人力资源

作者：【英】佩里·蒂姆斯

书号：978-7-115-53651-8

定价：69.00元

- 以“变革”为核心体现人力资源管理工作给企业提升业绩带来的价值；
- 解析了“波特五力模型”“尤里奇三支柱模型”等适合变革人力资源的模型；
- 展示了商业模式画布、价值主张画布和T形人力资源管理模型等新工具。

预见人力资源

新时代HR的进化方法论

人力资源

作者：李舟安

书号：978-7-11 5-48054-5

定价：55.00元

- 站在新时代人力资源管理风口，揭秘HR成长转型的进阶之路
- 人力资源领域知名公众号HRGO及知识付费平台HRGO学堂创始人、新一代互联网创业者李舟安的最新力作
- 知乎HR版块大V李石、SeanYe，沃尔沃亚太区人力总监范珂、原宜家亚太区IT经理江杰华强力推荐

超级面试官

快速提升识人技能的面试实战手册

人力资源

作者：曾双喜

书号：978-7-115-53825-3

定价：65.00元

- HR人力资源管理实操书籍，三茅人力资源网专家团成员重磅作品；
- 内容涵盖面试官定位、人才画像、面试提问与追问、面试评分等内容，助力快速掌握面试技巧；
- 真实面试现场实录；
- 为想提升面试技巧的人力资源招聘专员与中高层管理者量身定制。

财务精英工作法

会计、税务、财务管理关键问题一本通

财务会计

作者：袁国辉
书号：978-7-115-52013-5
定价：59.00元

- 本书内容紧密结合财会业务，讲述财会知识，解读财会难题。
- 附赠18个音频文件，扫描书中二维码，即可在线收听财税相关知识。
- 著名会计专家张连起、湖北省统计局副局长叶青、证监会第九届发审委委员徐珊、首都经济贸易大学教授刘颖、《中国会计报》副总编辑李京等众多业内专家联合推荐。

抖音运营一册通

视频创作+营销攻略+引流变现

销售与营销

作者：郭春光 杨岚
书号：978-7-115-51900-9
定价：59.00元

- 从建号到变现，一本书轻松搞定抖音短视频；
- 从菜鸟到大V，新手从零开始打造个人品牌；
- 从养号、定位、竞品、输出、视频、发布、算法、营销、变现和品牌角度等，全方位呈现专业、高效、实操、落地的短视频营销方案。

企业财务风险规避指南

会计实务、财务管理、税收筹划关键点及疑难解析

财务会计

作者：袁国辉
书号：978-7-115-48070-5
定价：59.00元

- 企业财务焦点、难点、疑点、热点问题解析，内容紧密结合工作实际，常见问题给出了解决思路和建议；
- 杰出风险投资家陈玮、中国会计视野主编尹成彦、《中国会计报》副总编辑李京等众多业内专家联合推荐！
- 随书附赠中华会计网校15个视频文件，免费在线收看相关课件。

如何成为客户首选

减少购买阻力，提升消费回报

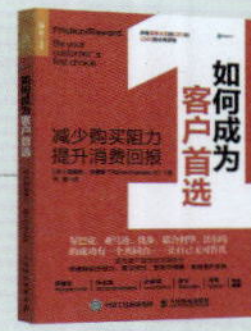

销售与营销

作者：【英】理查德·哈蒙德
书号：978-7-115-53562-7
定价：59.90元

- 新消费者时代颠覆性著作，CEO、CMO必读书籍；
- 提出购买阻力vs消费回报指数化这一创新性概念的著作，传递重塑客户体验的新观念；
- 为所有企业提高收益、增加市场占有率、赢得并留住客户提供了实用的工具和全面的指南；
- 清华大学博士生导师郑毓煌、北京工商大学商学院副院长孙永波等联袂推荐。

企业纳税筹划实用方法与案例解析

财务会计

作者：常亚波 樊路青
书号：978-7-115-53363-0
定价：59.80元

- 通俗易懂，财税知识轻松入门；
- 案例丰富，从实务中汲取精华。本书设计了大量的案例，与实务紧密贴合。
- 体例新颖，实用性和可操作性强。为了给读者轻松的阅读体验，本书在写作手法上尽量避免长篇大论，叙述时层次清晰、语言简练。
- 附赠PPT课件、配套习题和答案

精准电话销售

转化率倍增的实战技巧与口才训练

销售与营销

作者：张烜搏
书号：978-7-115-53213-8
定价：69.90元

- 腾讯企业微信电话销售部负责人王海鹏、京东商业创新业务部销售总监宋慧莹、云学堂总裁丁捷、长松咨询董事长贾长松 等人联袂推荐；
- 随书附赠拿来即用的电话销售工具手册、案例分析答疑课；
- 24个关键环节+20多个场景再现+50多个真实案例+100多种实战技巧 。

We solve problems together

普华文化

普华心理大本营

HR大本营

联系人：贾福新
联系电话：010-8105-5633
投稿邮箱：jiafuxin@ptpress.com.cn

敏捷项目管理

企业管理

作者：[美]马克·莱顿
书号：978-7-115-40958-4
定价：69.00元

- 享誉世界的“敏捷先生”20年项目管理经验总结；
- 敏捷项目管理的实战手册，项目管理人员考证的必读参考书；本书通过手把手的方式帮你充分发挥你手中的所有可利用工具和技术，以一种非常有效的方式管理好你的项目。

5G商用
打造高速智能应用场景

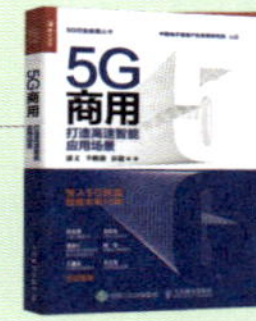

科技经管

作者：潘文 辛鹏骏 彭健 等
书号：978-7-115-53383-8
定价：69.00元

- 工信部赛迪研究院出品；
- 中国工程院院士倪光南、邬贺铨，加拿大工程院院士杨军，中国移动原董事长王建宙，中国电信总经理李正茂，国家信息化专家咨询委员会常务副主任周宏仁等共同推荐；
- 讲述5G新基建，以及5G赋能VR/AR、超高清视频、车联网、无人机、智能制造等领域，深度剖析5G产业链。

海底捞你学得会（实战版）

企业管理

作者：杨铁锋
书号：978-7-115-53911-3
定价：59.00元

- 中国烹饪协会火锅委员会主席汤庆顺、独凤轩董事长于连富、北京新辣道联合创始人徐伯春联袂推荐；
- 知名餐饮专家杨铁锋倾情解密。作者著有《好团队是训出来的》《这样的店长很抢手》，备受餐饮从业人员认可；
- 本书从商业模式、定位、菜单、定价、员工队伍建设、福利待遇、服务、品牌、创新等九个角度破解海底捞的经营系统和管理方法；

产业区块链
赋能实体经济创新发展

科技经管

作者：文华，蒋晓军，李波
书号：978-7-115-53409-5
定价：69.00元

- 著名经济学家、数字资产研究院院长朱嘉明领衔作序推荐，经济学家、区块链专家、学者、企业家联合推荐；
- 本书囊括电子政务、供应链金融、计量溯源、内容版权、智慧监理等14个产业区块链的实战案例；
- 适合致力于产业区块链应用落地的行业探索者、企业家和各行各业的从业人员阅读。

5G赋能
行业应用与创新

科技经管

作者：刘耕 苏郁 等
书号：978-7-115-52449-2
定价：69.00元

- 5G行业应用丛书，中国移动（成都）产业研究院出品；
- 中国科学院院士管晓宏、中国通信企业协会副会长武锁宁等多位专家联袂推荐；
- 本书站在科技发展的前沿，探讨了5G 在物联网、人工智能、无人机、医疗、农业、教育、工业互联网、新媒体及物流行业的应用。

人工智能通识课

科技经管

作者：【美】皮埃罗·斯加鲁菲
书号：978-7-115-53680-8
定价：69.00元

- 硅谷人工智能先行者倾力打造之作，牛津、清华、北大计算机科学教授、中科院院士审读推荐；
- 系统化整理人工智能领域各个分支的共识，提供一套可以为不同人群所理解的关于人工智能技术真实进展的通识；
- 语言深入浅出，适合各种知识背景的读者了解人工智能技术的全貌，对人工智能技术建立起客观理性的认知；也适合作为高校人工智能通识课程的教材或参考读物。

注意图 5-3 中，两条最常走动的路线（操作台 1 到操作台 6 和操作台 4 到操作台 6）行走距离是最长的。而且，想要从操作台 2 走到操作台 1，员工不得不绕到操作台 1 的前面。

基于以上分析，我们重新设计了操作台的布局，如图 5-4 所示，这里主要发生以下三处变化。

- 改变了操作台的摆放顺序，使其更符合操作台的使用频率。例如，调整后，操作台 4 放置于操作台 5 和操作台 6 之间。
- 操作台被排成了平行的面对面的两排，其中最常使用的操作台 6 和操作台 1 直接面对面朝向对方。
- 收纳橱也被移动了：移动后，三个橱柜位于屋子的右边。这些橱柜分别存放操作台 1、操作台 6 和操作台 4 的用品，它们的放置顺序代表了用品橱柜的使用频率顺序。较大的收纳橱柜被放置在屋子的左边，橱柜里贴有标签，有序地放着操作台 5、操作台 3 和操作台 2 的用品。

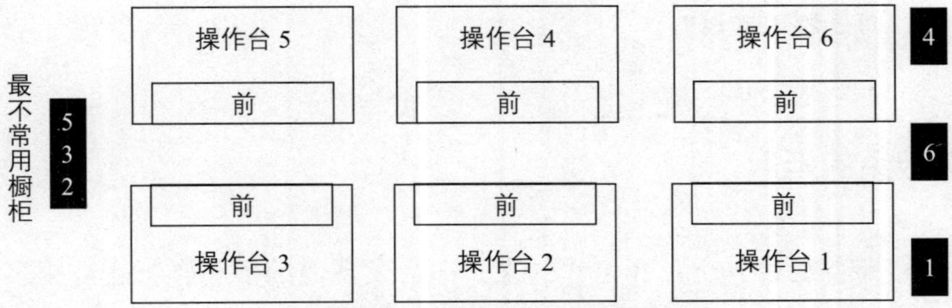

图 5-4　重新设计的工作台布局

重新设计了布局后，新的运输路线就形成了，如图 5-5 所示。现在员工在操作台之间移动的路线缩短了很多，对比图 5-3 和图 5-5，你可以发现二者显著的不同。

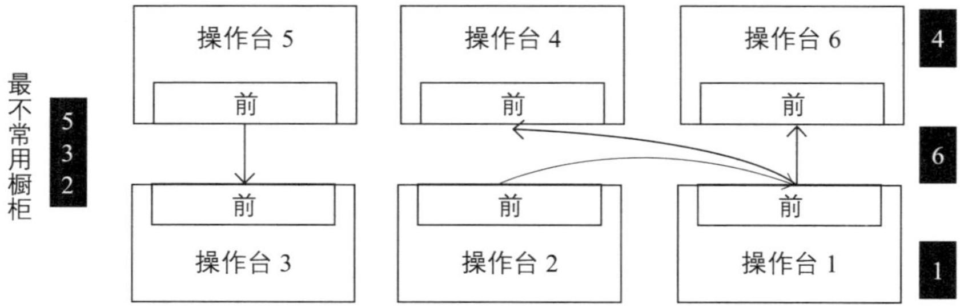

图 5-5　重新设计的工作台之间的运输路线

经过这样一番相对简单的改造后，运营经理和员工都感到格外满意。一个员工表示，在新环境中只工作了一天，她就感觉双脚轻松了很多。我问经理之前为什么没有重新设计操作台的布局，她承认，自己从没想过要改变什么。她说操作台一开始就在那个位置，所以她默认"它就是那个样子的"。

我们只是进行了一些系统分析，并基于使用频率重新设计了操作台布局，缩短了运输路线，这些改进是卓有成效的。此外，这样的改进措施不需要购买任何新的物品，你只要重新摆放它们的位置就可以做到。所以，每当分析改进人体运动效率时，就需要考虑如何缩短运输距离。在这种情况下，并非越长越好，而是越短才越好。

消除可避免的延迟

如果你专心观察一个正在工作的人，你会发现他的手和脚都会有很多动作。这些动作中有一部分可以产生价值，而另一部分则不能。然而，有时候你根本看不到他的任何运动，手脚都是静止的。可能这些停顿有着正当的理由，但这往往意味着任务的延迟——大多延迟不能带来收益，它们唯一带来的就是时间的消耗，随之而来的就是整个周期的延长（同时造成生产效率降低，运营成本增加）。

弗兰克·吉尔布雷斯区分了两种类型的延迟：可避免的和不可避免的。可避免延迟（avoidable delay）是指在正确改善工序的情况下，可以完全消除的延迟或待命行为。不可避免延迟（unavoidable delay）是指由任务执行者责任之外的原因导致的延迟（即执行人员控制能力之外的延迟）。有些任务序列需要大量工人配合来完成任务，从而在此类任务序列中难免会发生不可避免延迟，即使对于此类特殊情况，也并非所有工人都要同时停止活动。事实上，有些工人在任务情境中自始至终都不应该发生延迟——无论是可避免延迟，还是不可避免延迟。

例如，全国运动汽车竞赛协会（NASCAR）的维修人员在比赛期间正要更换轮胎（忽略掉为汽车油箱加油的人），这些换轮胎的人员包括：

- **一名拿千斤顶的工人**：这名工人使用 20 磅重的液压千斤顶，先左后右地将车从两边抬起，以便更换轮胎；
- **两名运送轮胎的工人**：两名运送轮胎的工人（一前轮一后轮）将新的轮胎运送到维修区控制墙的位置，把它们交给换轮胎的工人，从右至左换上新轮胎；
- **两名换轮胎的工人**：两名工人先用气动扳手来松紧五个固定轮辋的车轮螺母，拆卸并替换汽车右边的轮胎（一前一后），然后他们换到另一边更换左边的前后轮胎。

在这个由五人组成的更换汽车轮胎的工作团队中，我们先观察一下拿千斤顶的工人。顶起汽车后，由于其他工作人员要更换汽车一边的轮胎，因此他需要等待几秒钟（不可避免延迟）。同理，两名运送轮胎的工人在等待换轮胎的工人时，也要经历不可避免的几秒钟的延迟。但是在这个任务序列中，换轮胎的工人永远不能有任何延迟——无论是可避免的还是不可避免的。两名换轮胎的工人就像“帐篷里的顶梁柱”。他们移动的速度决定了换轮胎的时间，从本质上也决定了整个停站时间。

因此，分析并尝试改进任何工序的时候，应争取做到以下内容：

- 如果不能全部清除，就要将所有不可避免延迟降低到最小；
- 清除（找到并消灭掉）所有可避免延迟。

消除可避免延迟和不可避免延迟的关键在于识别它们，随后判断它们最先发生的原因。观察图 5-6，图中上层的过程任务由如下四步构成：运输（箭头）、操作（圆形）、运输、操作。

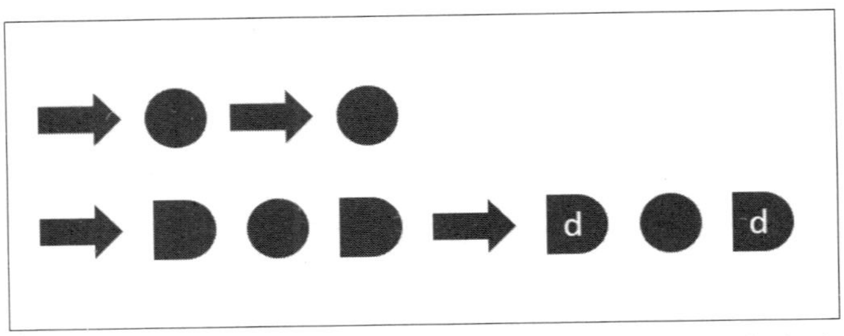

图 5-6　有（上层）和没有（底层）延迟的两个不同任务序列

现在请比较上层和底层的任务步骤序列。注意底层中，延迟的步骤（由延展的“D”表示）隔离了每一个操作步骤。每当你看到类似这样的受延迟困扰的任务序列，就要判定为什么会出现这样的延迟，然后消除它们。

手部微运动也会发生类似的延迟现象。设想一下，某个人手持一个工具并正在使用它，注意如下的动素动作序列：

$$TE > G > TL + P > AD > U$$

你发现哪里有问题了吗？第 3 类动作——“可避免延迟”（AD）发生在“使用”动素（U）的前一步。据我观察，这种情况的发生有时是因为工作人员不了解如何准确使用工具（包括知识和技术问题）。

不过另外一些时候，则是因为工具没有正确地放置在可“使用”的位置。在这种情况下，如果你认真检查，你就会发现如下的动素序列：

TE > G > TL + P > AD > TL + P > U

在这种情况下，“载重运输加安置”（TL + P）动素组合的第二次出现，似乎是在重新做之前的工作，重复并修改着第一次的“TL + P”。

可避免延迟也会发生在“装配”或“拆卸”动素的前一步（AD > A 或 AD > DA）。从本质上看，造成这一现象的原因和前者相同，即缺乏理解、工人技术较差或工具安置位置不当。在一些情况下，安置位置不当可能演变为“伸展到达”问题（该问题将在后面继续讨论）。

所以，无论是改进脚部延迟还是手部延迟，改进策略都很简单：设法消除所有可避免延迟；如果不能消除不可避免延迟，就将它们的时间尽可能缩短到最短。

消除“搜索”和“挑选”动素

有一次，我要把三个很大的工作台搬进刚刚建好的新车库和商场里。工作台需要先组装好，再搬进商场。组装工作台需要用到四种大小不同、数量繁多的螺丝和螺母，而这些螺丝和螺母装在它们各自的包装盒里。我担心丢零件，也不确定是否有额外备用零件，索性把所有螺丝和螺母都放在了一个大金属盒里以妥善保存。

随后我开始按照说明书组装。每个步骤需要尺寸不同的螺丝和螺母，所以我需要详细阅读步骤说明，然后在金属盒里寻找正确尺寸的螺丝和螺母。如果配好对，插入螺钉、拧紧螺母就会很简单（此为装配动素）。由于每个步骤都需要一定数量的螺丝和螺母，所以为了寻找各种螺丝和螺母，我需要不停地把手伸进、伸出金属盒子。

从动素层面分析，我右手重复的动作看起来像这个序列：

St > G > TL + P > A > St > G > TL + P > A > St > G >
TL + P > A > St > G > TL +P > A

在这个较长的动素序列中，每个序列（St > G > TL + P >）都以挑选动素（St）开始，以装配动素（A）结束。

请回顾前文我们讲到的内容——动素“搜索”可被合并进动素“挑选”。在这个“搜索－挑选”组合中，“挑选”指代从一些物体中搜索并定位某一个物体。在我的例子中，就是在装有不同尺寸的螺丝和螺母的金属盒中搜索并定位某个特定大小的螺丝和螺母。在“搜索－挑选”的组合层面，动素“挑选”开始于眼睛或手开始搜索物体的时刻，结束于定位到要找的物体（往往就在“抓取”的前一步）的时刻。这扩展了“挑选”动素的内涵，让它也包括了空手向前移动的步骤（空手运输）。

所以，用动素术语表示的话，我正在做如下工序：St > G > TL + P > A，而不是 TE > G > TL + P > A。随即，我意识到 St > G > TL + P > A 这个工序花费了大量（不必要的）时间。

接下来在装配两个工作台的时候，我就精明一些了。我将螺丝和螺母按大小分类，把它们放进不同的金属盒子里，然后在每个盒子上贴上明确的标签。图 5-7 显示了改进金属盒子的前后对比。经过这样简单的改变后，缩短的装配时间简直不可思议。尽管安装后面两个工作台时，我确实掌握了更多关于“如何”组装工作台的经验，因此装配本身就节省了一部分时间，但是消除“挑选”动素节省下来的时间可不比前者少。

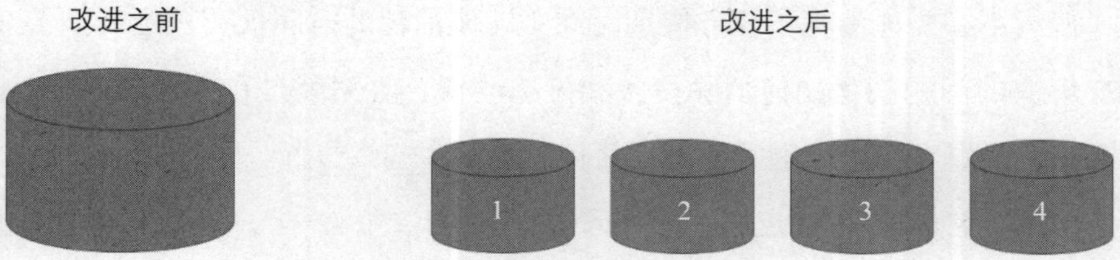

图 5-7　改进金属盒的前后效果对比

这样的改进策略，似乎看上去很简单。但——

在我完成这项任务后不久，我要出差去另一个州。出差期间，我参观了两个小型的生产装配车间。在这两个车间，我看到了一些人在组装大型零件。第一个车间组装零件的工人一直在重复“挑选”动素，即在满是各种螺钉、螺母、螺丝钉的大桶里面摸索着。他让我想起了我自己装配工作台的样子。

我参观的第二个车间里却是另一番景象：每个东西都是非常有条理地摆着，相同尺寸的螺钉和螺母放在相邻的盒子里，组装大型零件的工人可以直接将手伸到一个个标签清晰的盒子中（没有“挑选”动素）拿取自己所需的零件。这两个车间的对比非常鲜明。

搜索某物的行为意味着我们不能马上找到它们，也就是在 PCA（感知—认知—行为）循环中，我们在感知环节遇到了困难。还记得加藤对搜索动素的描述：

- 当某人已经知道他要搜索的东西和东西的大概位置时，这种行为就不是搜索；
- 相反，当某人知道他要搜索的东西，但不知道东西的位置时，这种行为才是搜索。

例如，当我们找不到车钥匙的时候，我们知道自己搜索的目标（车钥匙），但我们不知道它们的位置。如果我们知道它们在哪，那就不是“搜索”了。

搜索不必要地消耗了任务周期时间（即便消耗的时间仅有短短几秒），因此要解决的问题就是如何消除搜索和挑选动素。答案就是在必要的时候，把所有东西设置在一个固定的位置，并且明确标注这些位置。

例如，你常在医院走廊里看见靠墙停靠的“急救车”。当病人停止心跳或停止呼吸时，医护人员马上可以为他提供帮助。急救车上有各种应急医疗物品，它们以清晰明确的方式排列着——找到它们不需要任何搜索和挑选的过程。

因此，消除“搜索”和“挑选”动素的关键是有条理地放置物品，贴好对应的标签，并保证它们的存放位置不变（例如，总把急救车停在相同的位置，车里的各种医疗用品也放在同样的位置）。假设我需要一个量匙，我马上就会想到所有量匙都放在厨房水槽左边的第二个抽屉里，我还知道它们在抽屉里靠左的位置——抽屉整理得有条不紊（多亏了我太太），总能保持原样，量匙总被放在那个位置。

回到之前讨论的图 5-5 所示的布局。在重新设计的布局中，收纳橱柜被移动到了房间的两边，其中右边的收纳橱柜存放着最常使用的操作台（#1、#6 和 #4）的物资。重新布置后，右边的橱柜还紧靠着三个机械设备，以便工人取用物品。诚然，所有这些变化都是很小的事情，但是从人员绩效改进的角度看，正是这些小事情促成了显著的改进。因此，想要消除不增值的时间和浪费精力的搜索、挑选动素，可以从有条理的布局、清晰标签和保持物品位置不变这些方面入手。学习到这一点，我们也可以这样管理车钥匙和手机了。

调整物品摆放位置，缩短人员运动路径

还记得弗兰克·吉尔布雷斯大大增加工人砌砖数量的人员绩效改进策略

吗？这个策略由如下三步构成：

- 发现并消除砌每一块砖浪费的动作和步骤；
- 将砖块和灰泥放在更近、更容易够得着的位置；
- 重新设计脚手架，以增加砌砖速度，降低工人疲劳度。

注意第二个策略包括将砖块和灰泥放到一个更近、更容易够得着的位置。吉尔布雷斯认识到了在手工工作中伸展到达的重要性。“伸展到达”是指某人的（双）手和（双）臂触及或抓取某物的过程中做出的移动或动作。伸展到达的改进策略很简单：最优化伸展过程，也就是缩短伸展路径。换言之，重新将必备的关键工具、零件、材料等放置在更近、更容易够得着的位置。

很明显，我们无法保证把可能需要用到的“一切物品”都放到立刻可以够得着的位置。在这种情况下，我们就需要优化这些物品的位置。假设你正在砌砖墙，那么砖块和灰泥就是关键物品，因此必须把它们放在最触手可及的位置；那些不常使用的砌砖工具，则可以放在“伸展范围之外”的某个位置（要有序排列，这样在使用它们时就不需要额外的搜索工作）。想要识别特定工作序列中起着“砖块和灰泥”般关键作用的物品，一个好的方法就是使用频率表，如我在图 5-8 中使用过的。统计出那些高频率使用的物品后，就需要将它们放置在离人更近的位置上。

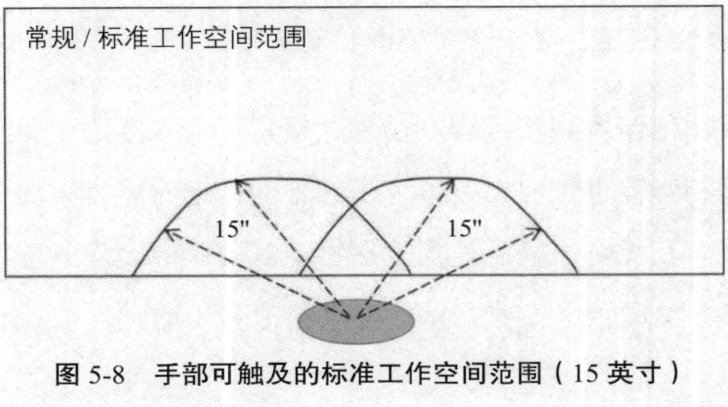

图 5-8　手部可触及的标准工作空间范围（15 英寸）

设想一下某人正坐在工作台旁，如图 5-8 所示，椭圆形代表了这名工人。从图中可见，一般情况下，手到身体中心的距离大约为 15 英寸（约 0.38 米）。这 15 英寸就是直接的或标准的工作空间距离；最远的可接触的工作空间距离为 25 英寸（约 0.63 米），如图 5-9 所示。人们应该根据这样的标准和最大可触及距离设计他们的工作区域。在设计得最好的工作区域内，所有的物品（工具、零件、供应品等）都应该这样摆放——最常使用的物品有条理地放置在最近、最触手可及的区域里（15 英寸内），其次需要的物品放在较远一些的，但仍“可触及”的区域里（25 英寸内）。

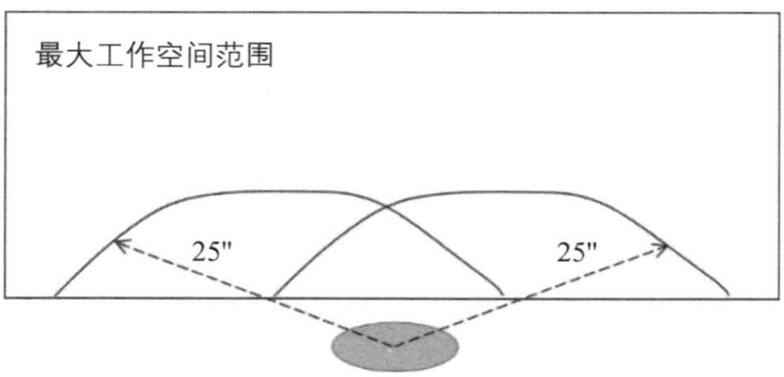

图 5-9　手部可触及的最大工作空间范围（25 英寸）

将手持物品放在更容易寻找和触及的位置，能够同时带来以下两种好处：

1. 消除了第 2 类动素（搜索和挑选），这些动素仅在第 1 类动素的基础上增加了浪费的时间；
2. 缓解了工人疲劳，使工作更简单、更高效。

因此，最优化伸展到达过程和消除“搜索”与“挑选”动素往往可以同时进行，它们相互促进，并有效减少了任务的周期时间。因此，如果以后再发现工作区域杂乱无章、物品被摆放在够不着的区域，你就可以在浪费时间的第 2 类和第 3 类动素上做些文章了。这些浪费了的动作会拉长完成任务的周期时间，使工人感到更加疲劳。

消除计划外疲劳所致的休息

观察这个动素序列：TL + P > U > R > U > R。你发现了什么？希望你发现了几个“R”散布在几个“U”之间，也就是几个属于第 3 类的、不增值的“休息”行为夹杂在属于第 1 类的、增值的“使用”行为之间。

这样的迷你任务序列表明了使用物品（如工具）的人在成功完成某一特定任务前，不能持续进行那个动作。这一现象产生的原因如下：

1. 这名工人不具备完成“使用”行为所必需的体能——这属于个体差异问题；
2. 物体或工具设计不合理，因此工人们不能持续地使用它们。

原因 1 是人员选拔问题，原因 2 则是工具设计本身的问题，属于工效学（ergonomic）。解决第 2 个问题的方法有两个：要么使用一个新的、不易使人感到疲劳的工具，要么在没有这样的新工具的情况下，重新设计已有工具。还记得吉尔布雷斯是如何重新设计他的脚手架以提高砌砖速度、降低工人疲劳度的吗？同样的道理也适用于此。

尽管特定工具的重新设计技术和相关的工效学解决办法不在本书的讨论范围内，但我们也应当时刻考虑这些问题。一旦发现任务序列中存在计划外的疲劳因素，那么应该马上发现原因并消除它们。在一些情况下，设计不合理的工具或其他“物品”不仅会使人感到疲劳，造成计划工序外的休息间隔，甚至会导致工伤。这种情况在长期高重复性的工作中尤为突出。

例如，腕管综合征就是一种工伤，它是一种反复拉伤导致的使手腕和手掌肿胀并感到压迫的病症。腕弓和屈肌支持带形成了一个狭窄的区域，就是腕管，腕管内有正中神经和手部屈肌腱。正是这些神经和腱体的损伤导致了腕管综合征。

患有腕管综合征的人格外痛苦，往往需要接受矫正治疗。但是在一些情况下，即便进行了矫正手术，也不能彻底缓解疼痛，病人也许再也不能从事同类工作了。

要处理反复拉伤问题并不能通过外科手术“修理好”发病部位，而要在一开始就防止它们发生。想要了解工效学领域内更系统、更完美的解决方案，我强烈建议你参考克勒默等撰写的《工效学：如何设计实现简易高效》(第二版)。

总之，改进与人体动作相关的人员绩效，往往需要我们在一些细节上做出调整，这些细节积少成多，可以减少周期时间、节约成本、提高生产效率。改进措施的关键是关注“脚”和“手”，这些既要在微观层面进行，也要在宏观层面进行。具体措施包括：去掉步行步骤或缩短步行距离，避免可避免延迟，重新设计工作场景以消除不必要的搜索过程，最优化伸展到达过程，降低工人的疲劳程度。

第三部分

分析和改进人员质量与安全问题

在工程项目中，人员因素往往是最重要的。

——道格拉斯·普雷斯顿和林肯·蔡尔德

第六章　人为错误分析

发生事故后，人们往往会对其进行错误分析。一般情况下，造成事故的原因可能是工作质量问题。其中，人为错误是导致这些问题发生的原因之一。有时，对事故的分析还会涉及一些正式或非正式的、内部或外部的调查。

人为错误调查的强度和复杂程度，往往是由不良事件造成后果的严重程度决定的。也就是说，不良事件（adverse event）是指人们不希望发生的事件，它们会造成实际的或潜在的消极后果。不良事件既包括计划之外的事件，也包括计划之内但预料之外的事件。例如：

- 事故（相近差错）；
- 质量问题；
- 严重的自然灾害；
- 财务困境；
- 政策困境；
- 安全漏洞（包括恐怖袭击）。

本章第一节介绍普通的分析方法。我在经历了很多事故后，才意识到事故调查的方法是多么重要。约翰·巴里总结了使用方法论的重要性，他曾写道："人们着手解决问题的方式（即方法论）和问题本身一样重要。这是因为，人们解决问题的方法往往指明了（至少是限定了）答案。"第一节介绍的方法论提供了一个结构化且较为灵活的框架，用来处理人为事故相关的问题。第二节基于之前介绍的"感知—认知—行为"循环（PCA 循环），提出了一些"指标问题"，每当进行人为事故分析时，我总会提出这些问题。我发现它们很好地提醒了我应该提出什么问题，需要调查哪些领域。

本章重点分析意外事故以及那些人为错误导致的质量问题，这些分析也同样适用于其他不良事件（如财务困境）。

不良事件发生在组织内部的"失败域"（如图 2 所示），它们会产生不同等级的后果。所以我们需要谨慎评估这些后果的严重程度。有时候，后果是否严重仅仅取决于运气和偶然的因素。

例如，我和我太太住在科罗拉多州南部山区的大农场里。20 世纪初，这里是炼焦炭和生产冶金用煤的地方。由于这些焦炭和冶金用煤可以用来炼钢，所以这里出现了大量的地下矿井（现在全关闭了）。其中一些矿井发生过重大的爆炸事故，这些事故主要是由致命的沼气和煤尘混合物造成的。但是，即便是相似强度的爆炸事故，事故的遇难人数也不相同。

有一次，位于东北侧的一个矿井在午夜发生了剧烈的爆炸。据报道，地表的林木都陷进了100码（约91.44米）深的地下矿井，由于事故发生在午夜，所以仅有两名工人不幸遇难。相比之下，位于西南侧的另一个矿井发生了相似的爆炸事件——虽然强度较小，但由于爆炸发生在白天上班的时间，矿井下有大量矿工，最终这次事故导致 263 人遇难（在美国煤矿开采灾害的记录中，此次事故是死伤者第二多的事故）。这两个例子说明，即使看起来相似的原因，也可能会导致严重程度完全不同的后果。

接下来的两节将讨论人为事故分析的技术问题。

人为事故分析的方法论

我刚开始担任调查不良事件的绩效专家时，远没有达到该职业所要求的水平，我早期在完成一些调查案例后总会留下类似于“我当时应该问……问题”的遗憾。从这些早期的经历中，我也很快了解到，事故调查是无规律可循的，并且时间有限，这些让我感到压力很大。为了克服这些现实问题和我个人能力的不足，我开始探索更灵活的理论，使它能够应用于更广泛的不良事件中。年复一年，我提出的理论（即调查框架）经受住了时间的考验，颇具成效。

我探索出的理论大体上包括如下五个调查部分，而且它们多少有一定的顺序。

1. 获取一些初始的基本背景信息，以便为事故调查做好准备。如果可能的话，尽量在到达事故调查现场前，就收集到这些基本背景信息。
2. 列出详细的事件时间表，包括何时、何地发生了何事，以及谁参与其中。不过，调查“谁”参与其中的目的并不是为其定责定罪，只是为了识别事件涉及的所有“行为人”，这样也会尽可能地还原事实，做到客观公正。此外我还认识到，事故发生后，应该尽快列出这样的事件时间表。
3. 识别不同的“混淆变量”。这部分调查旨在识别所有相关的潜在因素和错误诱发条件，它们可能直接或间接地影响事件运行与人员表现，增加人为事故的风险。如第三章所描述的，威廉姆斯识别错误诱发条件的核心技术在此体现出了价值。这一步的目标是列出一个详细清单，清单中包括所有相关的潜在因素，以及所有识别到的错误诱发条件。这个清单的信息可以帮助我开展第 4 步的调查，也是方法论非常有趣的一个部分。

4. 列出了详细的事件时间表和潜在因素、错误诱发条件清单后，我就已经初步了解了该事件。接下来，我尝试从事故主要行为人的角度出发，在第 2 步中的事件时间表的基础上进行改造。换言之，就是由里而外地进行调查。前面提到，我常发现这个“改造”部分是所有人为事故调查中最有趣的部分，它往往会揭露出很多意想不到的见解和发现。在很多情况下，当我们结合事情发生时的场景，从行为人的视角审视时，那些所谓显而易见的“愚蠢的错误”往往变得不那么明显和“愚蠢”。事实上，我常发现如果我也经历同样的情况，我很可能也会做出那样的行为。
5. 调查的最后一步是解读。这往往在离开事故现场后完成，紧接着的下一步就是完成书面总结报告了。在“解读”这一环节中，我尝试去理解发生该事件的潜在因素和相关错误产生情况（即情境）是如何共同作用的，从而给人们尤其是给主要行为人带来了消极影响。

人为错误分析和人体运动分析很相似，因为二者都需要系统客观地收集数据。不过，这些数据在人为事故分析中被称为“证据”，这些证据可能包括：

- 人员采访；
- 口头交流的录音和文本；
- 视频和照片，尤其是监控摄像机提供的视频；
- 事件发生流程（观察时空坐标内，事件是如何发生以及在哪里发生的）；

■ 事件自身的场景重现（如果可以的话）；

■ 对事件相关的实体构件进行检查，尤其是那些可能出故障的组件；

■ 对工作程序、工作政策和其他工作做出指示的复审报告。

我进一步将这些不同类型的证据宽泛地分为如下两类。

■ 硬证据（真凭实据）：

——记录和文本；

——视频和照片；

——实体构件损坏情况。

■ 软证据：

——采访；

——目击证人提供的信息；

——事件发生流程和事件场景重现。

硬证据和软证据各有如下优缺点。

■ 硬证据：

——提供的信息非常准确，但只是有关事故的、很有限的部分；

——往往需要解读；

——每当你需要它的时候，它似乎总是不够、总是无法满足需要。

■ 软证据：

——往往比硬证据更丰富；

——可能准确也可能不够准确地描述事故；

——一段时间过后，目击者信息可能会慢慢改变或在原始事件中加入自我解读；在当事人认为他可能受事故影响而给自己带来麻烦的时候，这种情况尤其明显；

——不同观察者或行为人对事故的描述不一致；

——事故发生后即刻展开的“快速调查”会比迟一些的调查提供更多切实有用的信息。不过，一段时间后，之前被采访过的人员提供的“我当时忘了说……”的信息也格外有价值。

在开展人为事故调查，尤其是较为正式的事故调查时，我有如下建议。

- 坚持事实，并不断补充越来越多的细节。虽然增加细节是一个反复的过程，但不用担心出现不停地回退、进展、再次回退（即从第 4 步回到第 3 步或第 2 步）的现象。收集可靠的证据非常关键，将它们拼凑起来可以帮助我们更好地理解事件。也许人们不同意你的解读，但基本都会同意你收集的事实，如你在第 2 步中列出的事件时间表。
- 不要过早得出不成熟的结论，也不要在第一天就做出不必要的初步陈述。这样过早且草率的结论往往会在后期给你带来困扰，尤其是当你在后续调查中推翻了这些早期结论时（几乎总会这样）。不要过早地给出想法，或过早解读，你就可以避免类似“但是你当时说……”的指责。
- 不要仅仅为了使事件吻合一个预想的观点，或是某个早期形成但可能存在偏见的解读而重新构建事件。这就印证了坚持事实的重要性，事实可以让你和所有人都心服口服。
- 不要忽略相互矛盾的证据，而应该继续进行调查，解决所有的冲突。人们看待事物的方式总是不同的，尤其当他们处于压力之下时。构建一个详细的、准备充分的并且基于事实的事件时间表非常重要，它是判定不同观察是否准确的一个方法。
- 进行采访时，应该让被采访人充分表达自己的看法，尤其当这个人是事故“行为人”的时候。例如，在每次采访之初，我都会说明我将要记录谈话内容。如果被采访人愿意的话，我还会邀请他一起做笔记。尽管我采访的所有人里，没有一个人真的这样做了，但这确实提供了一个平等讨论事件的环境，稍稍降低了采访人潜在的压力。

- 但是，事后分析或回顾性分析往往存在潜在的偏见。先知道了结果，然后将整个事件拼凑起来，这种做法往往会把人引入歧途。因此，你要尽可能地与事件行为人保持一致，尝试只靠他们的眼睛观察整个事件；要试着设身处地想象这些行为人当时的所见所闻，但也不能忽略他们没看见或听见的事情；要考虑他们看到的或听到的信息当时对他们来说意味着什么，而不是后来认识到这些信息是什么。最后，要基于他们的所见所闻所想，想象为什么他们采取了这样的行动而不是其他的行动。
- 最后，注意避免被某些有着不可告人目的的人的背后议论所左右，尤其当某人表示“我一开始就知道那人不是好人……”时。在任何事故调查中，性格差异不应该成为判断的依据，除非这些差异对事故的发生产生了直接影响。

随着调查的深入，我开始制作我所谓的“百万美元问题”清单。这些问题往往只有少许几个，一般的形式是“为什么……”或“为什么没有……”，如为什么一些人做了……，为什么一些人没做……，为什么这些事发生了，为什么那些事没发生。这些问题的答案往往能使你对事件的见解变得更加深刻，从而找到围绕事件的诸多谜团的答案。犯罪小说作家迈克尔·康奈利在他的小说《盒子》中充分展现了这一点，他笔下的神探哈利·博什相信每个案件“都有一个黑盒子，如一项证据、一个人、一些事实，来引导并帮助人们理解发生了什么以及为什么发生”。所以，我们应当注意寻找这样的“黑盒子”，不论是实体意义上的黑盒子，还是象征意义上的黑盒子。

进一步探究 PCA 循环

在大多情况下，在个人层面发生的人为错误都涉及感知、认知或身体动作的问题。在第二章中，我介绍了一些可供从个人层面着手调查 PCA 循环的初始问题。基于此，我将在本节展示更多的内容。为了更好地进行人为错误分析，我对 PCA 循环作了一些修改，包含了如下五个领域，每个领域都有其初始的和对应的高级的指标问题。

1. （对刺激或感知输入的）**输入察觉**。输入的信息是否在一开始就被察觉、感觉或感知了呢？注意，这里使用的输入察觉不表示它已被理解，只表示它被感知，或在某种程度上被感觉到。
2. **输入理解**。是否正确、充分地理解或掌握了感知到的信息的表意和含义？
3. **行为选择**（基于对输入的理解）。基于初始的理解和事件或任务发生时的特别情况，是否选择了适合的行为？
4. **行为计划**（基于上一条中）。是否设计了合适的计划以执行行为？
5. **行为实施**。最后一点，为了成功完成任务，是否实施了正确的行为并坚持完成它？

基于在这个初始清单中的发现，我设计了一个更低层次的、更具指向性的问题清单。

当清单中记录到“否”的回答时，则表明这一部分出了问题，于是我会深入挖掘这一部分的相关信息，以对其产生更深入的理解。这个更低层次的清单包括如下 15 个问题。

1. **注意力**：当输入出现时，相关人员是否正在注意它？

2. **输入辨别**：混杂在其他相似信息中的目标输入能否被充分辨别？信号声音比率和相关数据显示是否足以识别？
3. **输入识别**：相关人员是否正确识别或辨认到了正在呈现的输入？
4. **解释产生**：对于输入信息的内涵，是否有充足可信的解释？
5. **解释评估**：上一阶段产生的解释是否经过了充分的评估？
6. **解释挑选**：基于理解输入时的情况，选定的解释是否可以接受？
7. **行为选项产出**：是否产生了多种可行的行为选项？
8. **行为选项评估**：是否充分评估了产出的行为选项和它们可能的结果？
9. **行为选定**：基于选定行为时的情况，选定的行为是否可以接受？
10. **必需行为步骤和步骤序列的识别与理解**：是否充分认识并理解了选取行为的步骤和步骤序列？
11. **必需资源的识别**：是否充分认识到执行选定行为所必需的资源有哪些？
12. **资源获得**：在实施选定的行为前，是否充分获得了需要的资源？资源是否可用（或容易获得）？
13. **行为实施**：是否成功实施了选定的行为（如正确开始）？
14. **行为坚持**：是否坚持了足够长的时间，以成功完成所有必需的任务？
15. **行为控制**：是否在执行行为期间进行了合理的控制和调整，以便圆满完成任务（没有疏漏或执行错误发生）？

当我采访事故相关人员时，我也常提出这些问题。但我在问的时候，往往要把清单中的问题“翻译”成能让受访者明白的问题。例如，我不会问他们“混杂在其他相似信息中的目标输入能否被充分辨别”，也不会问他们“信号声音比率和相关数据显示是否足以识别”。相反，我会问“操控室的显示屏是否能让工作人员快速、准确地判定某个阀门处于开或关的状态”。

根据我个人的经验，我发现进行现场事故调查往往会背负很大的压力。

在这样高压的情况下，我们很容易忽略非常重要的细节。携带提前准备好的“指标”问题——如这里介绍的这些，往往可以避免在调查时遗漏信息。这样我们就不会在事后才想起，“我当时应该问那个问题的”或“我本应该调查那个地方的”。

记住，方法论非常重要。通过使用这里介绍的PCA框架，我们可以系统地评估人员绩效和相关的人为错误，深刻理解事发当时相关人员做出的评估和实施的行为。

总之，通过用系统、客观的方法调查各类事故中的人为错误，我们常能得到有价值的线索。它们有助于我们理解在事发当时，为什么相关人员采取的行为明明是错误的，但在他们看来却是合情合理的。然而，解答这个问题的关键在于由内而外地审查，而不是由外而内地回顾。

一位核能控制室的操作员曾在一场事故后告诉我，在事故发生时他能看到的只有控制室的显示器。因此，在事故发生后，要问他在这些设备上看到了什么，而不是去问其他人认为他本应该看到或知道的东西。

LEAN HUMAN PERFORMANCE
IMPROVEMENT

第七章　提升人员质量，解决安全问题

美林格和葛文德描述了这样一起事件：1935 年 10 月 30 日，在俄亥俄州代顿市的莱特空军基地，美国陆军航空团（U.S. Army Air Corps）作为赞助方承办了一场飞行比赛。参赛的是几大杰出的飞机制造商，他们正在展开激烈竞争，赢家有资格来制造美军下一代的远程轰炸机（long-range bomber）。

马丁、道格拉斯、波音这类大公司来参加比赛时都带上了各自设计的下一代轰炸机样机。虽然陆军航空团宣称这场比赛是公平、公正、客观的，但是大家都知道情况并非如此。在较早进行的一次评估中，波音 299 铝合金模型样机已经击败了竞争对手马丁和道格拉斯。波音飞机能够承运的炸弹数量是陆军航空团要求数量的五倍之多，而且，相比于之前的轰炸机，下一代轰炸机的速度更快，射程差不多是它们的两倍远。此外，波音飞机的机型很大，它的翼展有 103 英尺（约 31.39 米）宽，还有 4 个强劲的发动机，而普通飞机只有 2 个。一个来自华盛顿西雅图的新闻记者在首次见到波音飞机飞过头顶时，将其称为“空中堡垒”。我觉得，这个名字一定会流行起来，不过现在还不是时候。

10月30日那天，波音飞机滑行在跑道上，它巨大的螺旋桨发出了雷霆一般的轰鸣声。它沿着飞机跑道滑行了一段路程，随后平稳地升上了天空。起飞后，它按照计划急剧上升到300英尺（约91.44米）的高度。然而，这个大型飞机却失控了。当时飞机的一个机翼还处于未打开的状态，它却突然坠毁，随即发生爆炸。机组的五人中有两人不幸遇难，包括飞行员马诺尔·希尔。

很快，人们对这场重大意外事故展开了调查。调查时并没有发现任何机械因素，因此“飞行员失误”被认定为事故的主要原因。由于新的波音飞机比之前的飞机模型更复杂，所以飞行员在起飞前要完成很多任务，包括检查四个大型发动机（每个发动机有各自的石油燃料混合比例）、襟翼、电力纵倾调整片（需要在不同的速度下进行调整以维持平稳），以及给螺旋桨定速（桨距需要液压控制调整）。

在忙于执行这些“其他”任务时，飞行员马诺尔·希尔忘了要开启升降陀和方向舵控制器上最新安装的一个锁定装置。官方公布，这部分的疏忽是事故发生的主要原因。但是，有些人认为坠机事故的真正原因是波音飞机的操作技术过于复杂。有一家报刊写道，“就像是一个人要操作好几架飞机”。

波音飞机坠毁后，体积较小、设计更简单的道格拉斯公司赢得了生产轰炸机的合同，这使波音公司濒临破产。幸运的是，军队仍然决定购买一部分波音飞机，这一决定挽救了波音公司。最终，299模型开始批量生产，这才有了今天著名的波音B-17“空中堡垒”。

发现了飞行员的操作错误后，一组试飞员聚集在一起，尝试如何在以后的飞行中尽量避免此类事故的发生。他们很快发现，身经百战、技术精湛的马诺尔·希尔在起飞之前是知道自己应该要开启锁定装置的，他也知道如何操作，他仅仅是忘记了开启它，这才导致了事故的发生。

试飞员发现，额外训练并不能解决问题。因此，他们设计出了非常简单、颇有创意的办法——使用飞行员清单。如葛文德所描述的，试飞员应该让清单“简明扼要；简明到可以在索引卡上把逐一检查的步骤罗列清楚，如起飞、飞行、着陆、滑行”。

清单果然奏效了。飞行员驾驶波音 299 共计飞行了 180 万英里（约 290 万千米），全程安全无意外。最终，经过军事化改造，大约有 13 000 架波音飞机投入到战争中，这也成为飞机制造业历史上的一段佳话。

今天，当我们登上商用喷气式飞机，观察它的驾驶舱时，我们会发现，在飞机起飞前，飞行员使用的正是这些清单。在航空飞行行业中，清单已成为了标准程序。这种清单，正是里森和霍布斯提出的“有效提示物”的一种形式。

遗憾的是，很多行业尚未开始使用任何形式的有效提示物，他们只是依靠职业或专业的“技能”。葛文德认为在医疗行业中，看起来简单的清单却对防止错误有很大作用。这就是为什么他给书取名为《清单宣言：如何把事情做对》。

不过，清单并不是解决万难的“灵丹妙药”。事实上，处理人为错误确实没有“灵丹妙药”。但是我坚信，总有一些措施能够为公司带来很大的改善。

通过多年对人为错误的观察和反思，我开始一分为三地考虑人为错误这个问题。第一个分支是识别并消除工作系统内部的潜在问题——工作系统的脆弱性会随时间的推移而增加，却没有引起人们的注意，这本质上是组织管理的问题。第三章中介绍的人为错误评估和降低技术方法（HEART）能够非常有效地识别并消除许多错误，由于我在第三章中已经详细阐述了这个问题，在这里我们不再重复讨论。

第二个分支有关改进感知或检测环节，并且提供有效提示物（这一点可以改善对任务的理解），这一分支更多的是个人层面的问题。我在从个人层面入手观察人为错误时发现，出现错误的原因不是一开始没有感知到某些事物，而是没有记住或回忆起某些事物（认知问题）。

就像上文中提到的波音飞机案例一样，很显然，驾驶员知道需要在起飞前开启升降陀和方向舵控制器上的锁定装置，并且知道如何开启它。用葛文德的说法就是，飞行员没有“把事情做对”。因此，防止疏漏错误和执行错误，也就是把事情做对（并且是按正确的顺序做对），概括了第二个分支下的大多数问题。

最后一个分支关注的不是如何减少人为错误的发生，而是如何有效降低人为错误产生的实际危害。这种思考方法在某种程度上模仿了矢吹真吾的防错系统。

在第五章中，我提出了“通用运动改进策略”清单，并论证了让它作为改进人员运动相关绩效问题的出发点是非常合适的。在这里，为提升人员质量和解决安全问题，我提出了一个与之相似的三分支问题清单。不过，这份清单没有之前的运动清单那么详尽，它只是一个初步的条目，人们可以对其进行补充。由于目前我们仅处于介绍阶段，因此初步的清单足够我们使用。它包括如下四个策略：

- 识别并消除内含的潜在错误和相关的错误诱发条件；
- 改进感知环节；
- 提供有效提示物；
- 减少人为错误带来的危害。

第三章讨论了第一个策略，即识别并消除内含的潜在错误和相关的错误诱发条件，接下来，我将对余下的三个策略逐一展开讨论。

改进 PCA 循环中的感知环节

请设想以下两个不同的场景：

- 一名 53 岁胸部剧烈疼痛的老人被抬入急诊室，急诊室医生立刻使用心电图机对他进行检测，他们密切观察着心电图机中显示的病人心跳情况；
- 一位同样年龄的老人开车回家，此时他正走在拥堵的高速路上。由于太阳照着他的脸，所以他开车时觉得不如以前舒服。他边开车边打电话，坐在他旁边的乘客也在冲着电话咆哮。五分钟内，车内温度缓缓升高了几度。

急诊室医生观察到心电图异常的可能性是多少？可能性极高。但是，那名司机——在拥堵的路上，被太阳照射着脸，吵闹的打电话声音不绝于耳——能发现温度缓慢变化的可能性有多少？在那样的情况下，可能性是非常低的。

因此，如果我们想改进人们察觉刺激或察觉感觉输入的能力，就必须衡量整个环境：正在执行的任务是什么，它们要在哪里执行，是如何被执行的，现场是否有干扰？我们这么做的原因在于，环境和其他各种因素同等重要。

回顾墨西哥湾原油泄漏事件，事故报告称船员们“漏掉了井涌发生这个重要的信号”。我曾在海上钻井装置上工作，我可以作证，钻探装置上的“环境”更像那个堵在公路上的司机所处的环境，而不是急诊室医生所处的环境。

我发现对感知环节的问题展开调查是一项令人着迷的工作，有时甚至还很有趣。例如，有一次我帮一家公司分析为什么员工总是不能发现提示机械故障即将发生的重要信号；每次机械发生故障都会给公司造成一百万美元的损失。这些“重要信号”会显示在一张绘制水印曲线的图表上。

这些图表被固定在一个长得像盒子似的奇特金属装置里。盒子的顶层嵌有一个塑料窗口，公司认为员工们可以透过这个窗口向下看。但是在实际工作中，这些塑料窗口上有一层薄薄的几乎看不出的油。此外，出错的工人常遗漏的重要信息实际上是非常不明显的曲线波动——波动只有 0.125 英寸（约 0.32 厘米）。哦，对了，还有，那个需要透过它才能看见曲线的模糊窗口，它距离工作人员有一两米远，而且在他们后面。现在你还对这些信号总被遗漏感到费解吗？

还有一次，我应邀去评测一个大的显示面板上各个独立的显示屏。在我开始评估之前，公司人员请我先解读面板上的每个显示屏。结果，我的解读和显示屏真正传达的意思完全相反。我很快意识到，设计显示屏的人绝不知道大部分人是如何将接收到的刺激在大脑中组织起来的。

例如，通过观察图 7-1，你看到了什么？由于我们普遍倾向于将靠得很近的事物归类，因此很多人可能说他们看到了三组平行线，而不是六条直线。再观察图 7-2，一般情况下，我们还倾向于把相似的事物归为一类。因此，大多人会说他们看到了三角形和圆形组成的垂直列队，但不会说看到了水平的三排不同图形。可是设计显示屏的人就是这么看的，他就是将图 7-1 看作 6 条独立的线，把图 7-2 看作水平的三排不同图形。

图 7-1　邻近事物分组

图 7-2　紧密排列的相似物体的集合

我从这些经历中感受到，处理和改进感知问题是一件很困难的事情，这却很重要。我们在第二章中讲过，如果不能感知或察觉到信息，就无从谈起将信息传送到大脑进行后续的加工。没有随后的心智加工，就意味着不能实施下一步的行动。因此，我们要想正确完成“感知—认知—行为”循环（PCA 循环），“感知”作为起始环节是非常必要的。

改进感知环节需要从整体入手。我们不仅应该开发观察局部情况的显示设备，还应该营造一个适宜的工作环境，从而使员工能够在信号嘈杂、任务繁忙的工作状态中更好地感知到关键信号。

我曾投入大量的时间思考“输入感知”的问题。有一段时间我致力于发展一种方法论，想用来分析操作环境中的人员系统绩效，这个方法叫作人员系统（Human-SYStem，HSYS）。在人员系统的内容开发方面，我得到了苏珊·希尔博士的帮助——她是我非常棒的同事，也是与我私交甚好的朋友。我和希尔博士投入了大量的时间总结那些能够提高人们感知力的方法。我们将“输入感知”（input detection）的定义限定为感知或感受外部输入，这里的术语仅仅是严格意义上的“意识”，不包括随后的“理解”。在我们的使用中，输入包括刺激、信号、线索或外部环境产生的命令。

接下来，我们找出了以下三种导致输入感知欠佳的主要因素。

- **注意力：**专注并了解周围环境的能力。注意力包括挑选性和强度两个维度。注意力可被导向至一个或多个来源的信号，或导向至空间内的不同位置，它的强度也有高低之分。
- **输入辨别力：**在“嘈杂”工作环境中察觉特定输入的能力（如区分两种不同的输入）。当输入量大或输入清晰度低时，输入辨别就会比较困难。
- **输入识别力，**是指确定并识别特定输入的能力。

我们将这三个主要因素分成一系列的子因素。我们列出的导致输入感知欠佳的因素的清单大致如下。

1. 注意力欠佳

（1）挑选的搜索区域欠佳（挑选的搜索区域是空间中某一特定的位置，人们将其注意力导向或聚焦于这个位置）：

①对需要搜索的区域认识欠佳；

②工作环境设计欠佳；

③出现了不必要的分散注意力的事物（即与完成任务无直接关联、使人分心的事物）；

④任务要求过高；

⑤人员欠佳（主要是指生理或心理方面的问题，包括缺少足够的训练或经验，感知狭隘在这里显得尤为突出）。

（2）注意力强度欠佳（注意力强度高就是注意力集中，体现出对身边环境的专注和留意的强度）：

①警惕性欠佳（警惕性是对重要输入或输入的特定方面保持持久关注的过程）：

a. 任务持续时间过长；

b. 必需的注意力强度过高；

c. 仪器显示装置欠佳。

②不必要的分散注意力的事物；

③任务要求过高；

④工作过程过于枯燥：

a. 工作环境设计欠佳；

b. 任务 / 功能设计欠佳；

c. 个人能力不足；

d. 动机不足；

e. 人员选拔欠佳。

⑤人员欠佳。

2. 输入辨别力欠佳

（1）输入数量过高（高信噪）：

①任务要求过高；

②仪器显示装置欠佳。

（2）输入清晰度欠佳（输入清晰度是指输入内容的可识别程度和“可辨度”）：

①仪器分辨率欠佳；

②输入强度欠佳；

③仪器显示装置欠佳。

（3）人员欠佳。

3. 输入识别力欠佳

（1）输入未被呈现，无法被察觉：

①感测器 / 显示器阵列不存在（传感器是察觉或感受输入的设备。一般情

况下，传感器察觉到的输入会通过某种显示器、信号器或声响警报器表示出来，信号器（annunciator）是既展示声音信息又展示视觉信息的仪器）；

②感测器 / 显示器未摆对位置；

③感测器 / 显示器故障；

④感测器探测水平低。

（2）对输入特征的了解欠佳：

①对输入信号特征的识别欠佳；

②人员欠佳。

（3）人力感知欠佳：

①人力不可能感知（在人力感知能力范围外，人力感知是人对输入的感知能力）；

②人员欠佳。

我们从中可以看出，若想改进感知环节，我们必须营造一个工作环境，使人们更容易、更成功地做到以下几点：

- 注意到重要的刺激物（即使常常身处嘈杂、繁忙的工作环境中）；
- 辨别不同的刺激物；
- 识别并认清特定的感觉输入。

总之，我认为建立 HSYS 清单来分析和改进输入感知是一个不错的起始点。如果我们不能察觉或感知到信息，就不能进一步加工这个信息，进而采取相应的行动。但是，在很多情况下，我们在无意中建立起的工作环境也会严重干扰我们的注意力，阻碍我们发现并识别重要的感官信息输入。正如墨西哥湾原油泄漏事件揭示的道理，错过（如没有发现）重要信号就是灾难的导火索。

提供有效提示物

正如本章的引言部分所述，在很多情况下，人们知道执行什么任务、如何执行任务，他们只是忘了执行。如今的工作环境日益复杂，人们需要同时执行多个任务，然而这些任务之间可能没有什么关联。在这种环境下，忘记执行任务的情况就尤为凸显。里森和霍布斯提出，解决这种“忘记执行任务”问题的方法之一就是提供有效提示物。清单（checklist）就是一种形式简单的有效提示物，不过，有效提示物远不止这一种，它可以是索引卡上一个小小的清单，也可以是计算机生成的复杂系统。

我曾经非常荣幸地带领过一个小型团队，开发基于计算机的下一代“有效提示物”系统，团队里的成员都天资超群。起初开发这个系统是为了帮助技术人员拆除核武器。在拆除核武器的工作领域，我们常说宁愿遇上其他所有倒霉事，也不想炸弹爆炸。

在初步开发了这个系统后，我们尝试把它应用到其他工作情境，包括航空维修，可惜的是，我认为在技术方面，我们有些超前了。但是，随着平板电脑的普及（如苹果公司的 iPad），我们的系统得到广泛应用的日子将会到来，下文将对此作简短讨论。

不过在讨论高科技之前，我先讲讲简单的纸制清单——这正是葛文德在处理医疗错误时非常感兴趣的部分。我们一般有两种基本类型的清单，分别是：

- 确认清单；
- 阅读清单。

在使用确认清单时，人们以个体或团队为单位执行简短的任务序列，这些任务序列已储存在他们的记忆库或经验中。随后，他们停在每个既定的检查点，检查并“确认”自己已成功完成了特定的任务（例如，确认没有发生疏漏错误或执行错误）。

使用确认清单最难的地方在于，你既要保证既定的检查点或停止点正确，还要保证其是可以被确认的。例如，如果确认清单提示——“确认已移除病人身体内的所有外科海绵”，而此时外科医生已经缝合完毕，那么很明显，这样的检查点是毫无作用的。就算执行手术的医生们认为或者记得他们已经移除了所有海绵，他们也不能再亲自核实了。因此，停止点或检查点正确、适时，是成功使用确认清单的关键。

我个人更有经验的领域是阅读清单。阅读清单就像制作蛋糕的食谱，人们每次只执行阅读清单上的一个步骤。商务飞机驾驶舱中的飞行员在起飞前会执行不同的任务，他们使用的几乎都是阅读清单，逐一执行清单中列出的步骤。

尽管清单的长度各不相同，但它们大多时候只有一页长，有 5~9 个条目。为什么是 5~9 个条目呢？还记得米勒七定律吗？定律认为，人类一次性的短时记忆（或工作记忆）一般只能容纳 5~9 个条目。这就解释了为什么清单上只有 5~9 个步骤。而且，清单应该简单精准，使用特定工作环境中被广泛接受的措辞。此外，我还喜欢用行为动词开始每一个条目（如返回、设置、移动等）。

我常常在思考，为什么清单这个词一开始被命名为“checklist”——最初使用它们的飞行员肯定不会用铅笔勾画每一个条目来完成“check”（尽管这样可以增加它们的可靠性）。也许叫作“checklist”的原因是飞行员每读完一个条目后，都会说一声“check”（已查），如副驾驶说“调整高度计到地上 2 345 位置”，那么飞行员完成这个任务后，他会说“check”（已查），会是这样吗？

根据退役指挥官史蒂夫·埃德霍尔姆的描述，实际情况并不是这样。在他 25 年的海军航空事业中，他成功完成了近 1 000 次舰载飞机降落任务，他不记得有哪一次飞行员仅仅说“check”就确认任务已完成。在起飞前的检查过程中，如果副驾驶员念到“扳下起落架手柄”，飞行员就会将手放在起落架手柄上，确认手柄处于“靠下”位置，然后口头回复“起落架手柄已扳下”（或是精确重复刚才的话）。埃德霍尔姆说飞行员常常用双手或双眼确认清单上的条目是否已完成，然后重复副驾驶员在前一刻念的清单条目，措辞几乎相同。

埃德霍尔姆进一步提到海军飞行员是如何使用清单完成各阶段不同的飞行任务的，如绕机一周检查时、启动前、启动时、启动后、滑行、起飞时、起飞后等。埃德霍尔姆由衷地认可清单的价值，而鉴于他在航空飞行领域取得了卓越成就，我们应该重视他对清单的肯定。既然清单能够帮助埃德霍尔姆等指挥官在飞行领域执行任务，数千次安全、可靠地着陆在航空母舰上，那么清单必定也能使其他领域的工作受益。

从埃德霍尔姆的经历与态度中我们可以了解到，使用清单能够显著降低出错率，尤其是降低疏漏错误的发生概率。诚然，清单不能彻底消除犯错的可能性，但它们确实大大降低了出错率。

清单之所以如此简单又有效，是因为它将我们的注意力引导到识别（recognition），而非回忆（recall）上。“回忆”是指在没有感知线索帮助我们做出反应的情况下，我们主动从记忆库中提取信息的过程，而“识别”是指对感官线索和辅助物做出反应。例如，在购物的时候，相对于记住所有要买的东西，使用购物清单就会更容易，对脑力的要求也会更小。在这种情况下，购物清单上的条目就是“感官线索”。识别总是比回忆轻松，因此在工作中，我们应该尽可能地“识别”工作内容，而非“回忆”。

基于在航空和海上石油维修领域的工作经验，里森和霍布斯对有效提示物的特征进行了非常精彩的总结。他们指出，有效提示物应该全部满足以下五个条件：

1. **显著性**：在关键时刻吸引使用者的注意；
2. **紧密性**：在时间和距离上，与必需任务步骤尽可能地保持紧密；
3. **环境相关性**：提供足够的信息，告知何时何地执行提示的任务步骤；
4. **内容相关性**：提供足够的信息，告知执行者需要做什么，有时甚至要告诉他如何去做；
5. **可清点性**：允许操作者清点是否正确实施了任务所要求的分立行为或条目。

有效提示物的次要标准进一步包括：

1. **综合性**：可以在很广的范围内，有效提醒任务完成的步骤；
2. **强制性**：阻止下一个步骤的开展，直到完成必要的上一个步骤；
3. **证实性**：有能力核对已经按计划完成的必要步骤；
4. **便捷性**：不会导致意愿之外的其他问题（或不当地增加心理距离）；
5. **结果性**：一旦任务完成且通过检查，提示物可以随时被清除。

我们在开发以计算机为基础的有效提示系统时［我们将之命名为互动电子程序（Interactive Electronic Procedures，IEPs）］，我们也尽可能多地把这些特征融入系统里。图 7-3 所示的就是一个典型的 IEP 屏幕，这是某一任务执行前的显示屏。图 7-4 是技术人员执行该任务后，手动检查任务时的显示屏（注意：图中箭头和相关文字只是为了说明，不会出现在真正的 IEP 屏幕上）。

首先我们观察图 7-3，注意在“将黑色电线插入保险线”的任务中，实施的行为是“插入”，其中一个物体是“黑色电线”，另一个物体是“保险丝”，同时“保险丝”指明了“黑色电线”插入的位置。在这个任务的说明中，行为动词“插入”具有内容相关性，它准确地说明了“做什么”和“如何做”的任务信息。它也“紧密”地写在需要执行的步骤旁边，具有紧密性。

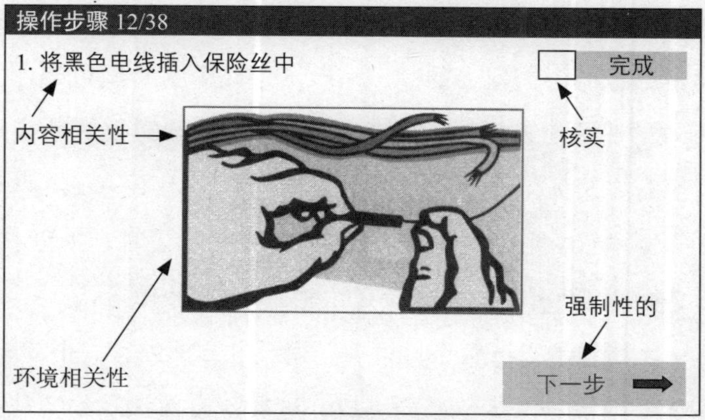

图 7-3　“开始”任务的屏幕设计

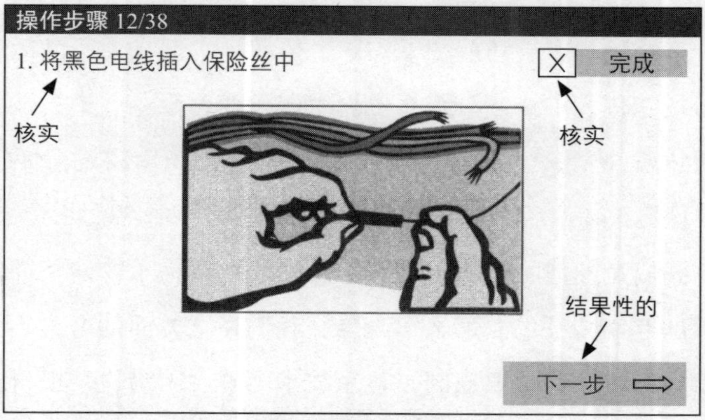

图 7-4　“结束”任务的屏幕设计

描述任务步骤的图表信息既具有“内容相关性”，也具有“环境相关性”。这个例子中，图表在文字的基础上进一步显示了“如何执行任务”和“在哪里执行”。另外，屏幕上的“步骤序号”（步骤 12/38）描述了目前这个任务步骤处在整个任务序列的哪一个环节（这也体现了环境相关性）。正如前文所阐述的，提供与内容、环境紧密相关的信息，能够显著提高任务执行者对任务的理解程度。

接下来请注意图 7-3 中右下角的“下一步”按钮。在实际的彩色屏幕上，下一步按钮是红色的，按钮上的“下一步”这几个字是浅色的，以此表明目前按钮是无效的（即点击后无效果）。这样无效的按钮很好地表现了“强制性”特征。换言之，无效按钮会“阻拦”使用者进入下一步。只有当使用者手动检查任务步骤已经完成——在“完成”方框内标记时，按钮才能被激活。

再看图 7-4 的 IEP 屏幕。使用者在“完成”方框内的标记后，马上就能进入这个屏幕中。请注意以下两点：第一，完成的方框内有一个“×”，这表示已经检查完毕，确认任务步骤已经完成，这属于有效提示物特征中的“证实性”，这类特征表明任务步骤已经处于完成状态；第二，“将黑色电线插入保险线中”的任务步骤描述被标灰了，这也体现了“证实性”特征。

最后，请看屏幕右下角的“下一步”按钮。它现在处于激活状态，使用者可以点击按钮进入下一步。箭头也会由红色变为绿色，进一步强调按钮目前处于激活状态。“下一步”按钮的前后变化体现了“结果性”的特征，即一旦步骤完成且检查确认后，便可消除先前具有阻止性的有效提示物。

请注意我们是如何将里森和霍布斯总结的有效提示物的特征转化为电脑屏幕上实际的互动特征的。那么，为什么我们在这方面的努力不见成效呢？如我之前所述，我认为主要原因是显示技术不够，因为这个项目在开始的时候，移动技术还未成熟。不过，随着今天平板电脑和智能手机的迅速发展，精益设计的 IEP 系统一定会大显身手。此外，如果人们能将语音识别和平板电脑联系起来，这些技术使用起来将会更加容易，这一点在令人“手忙脚乱”的工作中尤为显著。

因此，我认为靠技术推动有效提示物的整个领域变得越来越切实可行。例如，我们在开车时，一定见过临时的速度“追踪”显示牌。这些显示牌上一般包括一个传统的速度标志（35m/h）和一个显示着我们实时驾驶速度（如闪光的红色数字 42m/h）的显示屏。当我们看到了这些“有效提示物”时，就会意识到我们已经超速了。此外，这种设备具有有效性，因为看到它时，我们大多都会随即减速。

一些医院中的重症监护室中也有类似的装置。每当进入重症监护室的时候，医护人员都要先洗手，随后才能接触病人。在一些重症监护室，医院在洗手池上方安装了电子指示牌。有人进入房间的时候，牌子就会显示红色的“请洗手”字样。冲水后，意味着进入的人洗了手，指示牌上的字就会变回绿色。当房门再次打开时，指示牌又会变回红色的“请洗手”。研究发现，这种电子提示物有效地改善了重症监护室医务人员忘记洗手的情况。

此外，有效提示物还会在一些平板电脑和智能手机应用软件上连接 GPS（全球定位系统），而具备跟踪性能。例如，我可以在手机备忘录上输入“在超市买牛奶和面包”，随后当我开车到超市附近的时候，智能应用程序就会告知我“购买牛奶和面包”。这种以 GPS 为中心的提示物就是里森和霍布斯提出的“紧密性”的实例，即在这个例子里，有效提示物通过 GPS 绑定了任务步骤与空间距离，使两者尽可能地保持紧密。

随着智能化高科技的出现，最终我们或许会研发大量不同形式的或全新的有效提示物。然而，研发这些有效提示物的挑战不只存在于技术层面，更在于我们如何更好地将人员绩效领域的观点（如有效提示物的特点）以技术的形式投入应用。

但是，我们绝不能认定未来的有效提示物全部要基于科技，因为在很多情况下，一张传统的简单索引纸就已经足够了。因此，我们需要针对不同的任务和环境，挑选合适、准确的有效提示物。也就是说，这并不是落后科技与高科技的对抗，而是把“合适的技术”应用到合适的任务环境中。

减少人为错误带来的危害

一次，一家公司邀请我帮他们处理一个具有潜在危险的人为错误状况。这家公司经常装配和移动大型设备，其中一个装配工作是安装应急安全系统。工人在安装这个安全系统的一个子部件时，经常发生安装颠倒的错误。如果把反面朝上安装的话，系统马上就会停止工作，也就无法起到安全应急的作用了。尽管这家公司在部件上涂上了“向上”的箭头，但是在运输和安装的过程中，这个图标很快就会被磨掉。此外，部件上总覆盖着一层油，这让箭头更不明显了。

公司希望我设计一个训练项目，也就是能缓解这种潜在危险情况的有效提示物。我检查了有潜在问题的部件后，向公司代表们询问能否在部件上焊接一些金属板或金属压条，使得人们无论怎么做都不能把这个部件颠倒放置。他们之前从没考虑过这种“防止错误”的办法，随即请了一名焊工。最后，焊工想出了一个比我的提议更好的解决办法，不过道理是一样的。

在这个例子中，我的建议不是如何防止错误发生（即将反面安装到上面），而是如何防止在将反面安装到上面后，产生不希望的、潜在的危险后果。实质上，我提出的是一种“机械性人为错误后果屏障”（mechanical human error consequence barrier）。这种人为错误屏障的概念可应用于任何工作环境中，它们关注的并不是减少实际错误本身，而是减轻甚至是彻底消除错误导致的后果。这种“防止”后果实现的操作可以提高系统的容错能力。

例如，我可以把一张光碟背面朝上放进我电脑的光驱中（即我把光碟的位置放反了），光碟被稳稳地推入光驱，但几秒种后，它就被推出来了——错误 1，后果 0！在一个理想的错误包容性系统中，人们出错时就会出现这类防止错误发生的情况。

回顾一下第三章中讨论的卫星事故案例。案例中，技术人员颠倒了两位数字（很有可能犯错误），结果导致卫星自毁。在错误包容性更强的系统中，人们还是会犯同样的错误，但是系统会向操作人员询问，确保他输入的的确是自毁命令。这种“屏障工程”常被称作“深层防御”（defense-in-depth）或“构建冗余系统”（building redundancy into a system）。工程的主要目标是使工作系统更稳健，容错性更高。在这种情况中，硬性机械或实体屏障是最好的屏障。

但很可惜，硬性机械控制装置不是总能被组装进系统的。因此，我们可以采取另一种方法：利用这种方法设计的系统，只有人连续犯两个或以上的错误时，才会导致最终的故障。

如图 7-5 所示，如果打开了错误的阀门，整个系统就会出现故障。这种“打开错误阀门”的情况实质上表征了一种单模故障（single mode of failure）。在单模故障中，只要人们犯错（或者系统的一小部分出现了问题），整个系统都会出现故障（即图 7-5 中发生的较高层面的“系统故障”）。

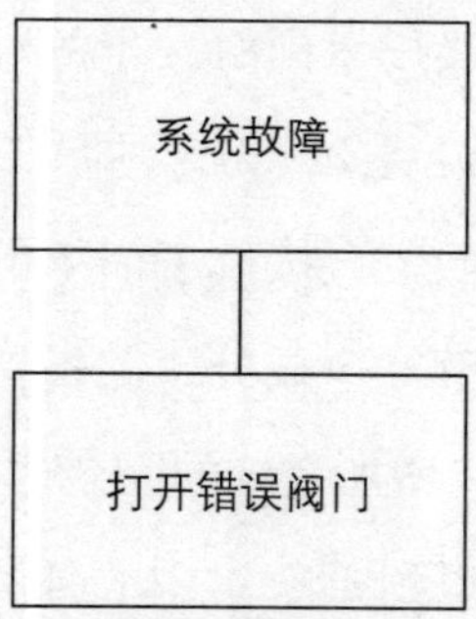

图 7-5　单模故障

但是，假设现在只有在打开错误阀门并且按错按钮时，系统才会发生错误。图 7-6 表示的就是这种双路径的错误。图中倒置封闭的 U 形图叫作“并集门”（“and” gate）。并集门表示，只有直接位于门下的条目全部发生，上一层的故障才会发生。换言之，图 7-6 中出现故障的前提必须是打开了错误的阀门，并且按错了按钮。这种系统降低了（但不是彻底清除）发生故障的可能性。

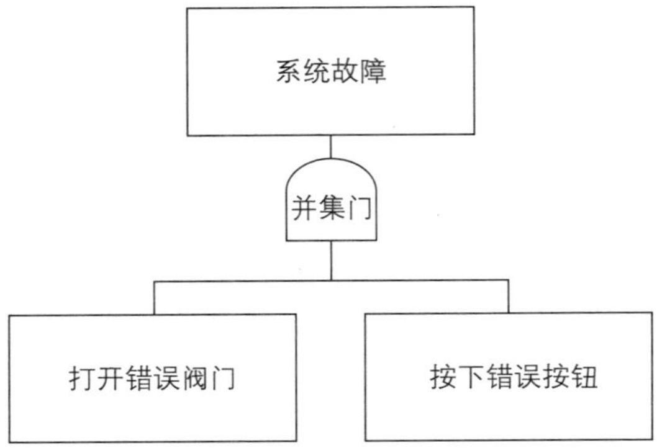

图 7-6　双重故障“并集门”

我们可以计算出通过这种方式减少的故障概率。例如，我假定打开错误阀门的可能性为百分之一，即 0.01，那么在图 7-5 中，系统发生故障的可能性就是 0.01。再假定按下错误按钮的可能性同样为 0.01，由图 7-6 可知，由于只有在打开错误阀门和按下错误按钮同时发生的时候才能激活故障路径，因此顶层发生故障的可能性为 0.01 乘以 0.01，即 0.0 001（万分之一）。每当你看到并集门时，你只需要将它们（直接位于门下的条目发生的概率）相乘。在这个例子中，我们仅添加了第二个成分，就使错误发生率从图 7-5 的 0.01 降到了图 7-6 的 0.000 1。因此，增加系统的冗余成分通常是一件好事。

不过，聪明的读者会回想到第三章中“自由企业先驱者号”的案例。他们一定会问，“关闭艏门任务不也是双重冗余吗？”是的，确实是双重冗余。如图 7-7 所示，若要使艏门处于开着的状态，既需要副水手长忘记关门，也需要大副忘记确认艏门已关闭——这两项都是规定的任务。在这种情况下，尽管我们降低了忘记关闭艏门的可能性，但是并没有彻底消除它。这微小的可能性导致了那场悲剧的发生。

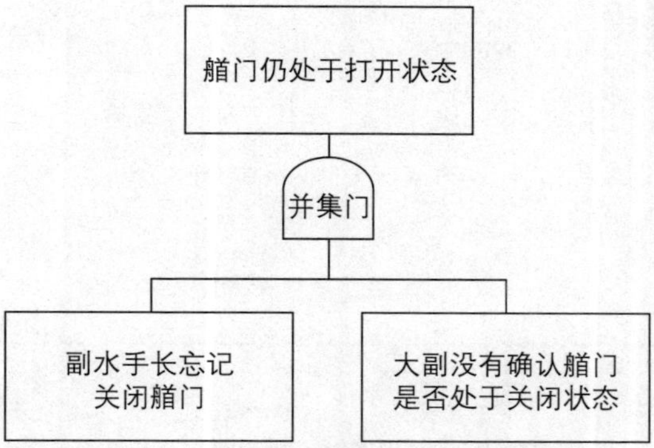

图 7-7　“自由企业先驱者号”的错误路径

假定副水手长忘记关闭舾门的可能性为 0.01，大副忘记检查舾门的可能性为 0.01，那么整体失败的可能性就是 0.000 1，即万分之一，如图 7-6 所示。

但是，我们现在假设，根据船长之前的请求，船桥上安装了舾门状态指示灯。与此同时，副水手长和大副仍然需要执行他们的任务（每个人的出错率为 0.01）。我们再假设船长出错的概率是千分之一，即他没有发现指示灯指示舾门仍处于开着的状态的概率是 0.001。

基于这些数据，最终舾门能保持开着的状态的概率是 0.01 × 0.01 × 0.001，即 0.000 000 1——微乎其微的可能性。因此，设计这样的系统仍然是增大系统容错度的有效方式，因为只有当若干错误都发生时，最终故障才会产生。对于容易出错的人而言，这种办法尤其有价值。

不过注意，前面的例子只讨论了人为错误或激活错误，那么如何计算系统内含的潜在出错率呢？尽管有些人可能会不同意，但我认为潜在因素产生的错误不是 0 就是 1，也就是说，它要么存在（可能性为 1），要么不存在（可能性为 0）。

请看图 7-8，图中有 5 个已经识别的错误，包括 4 个潜在错误和 1 个激活错误。由于潜在错误已经存在了，因此它们的可能性都是 1。激活错误的可能性为 0.01，因此，上面方框的错误率就是 0.01（1.0 × 1.0 × 1.0 × 1.0 × 0.01），即激活错误的发生率。

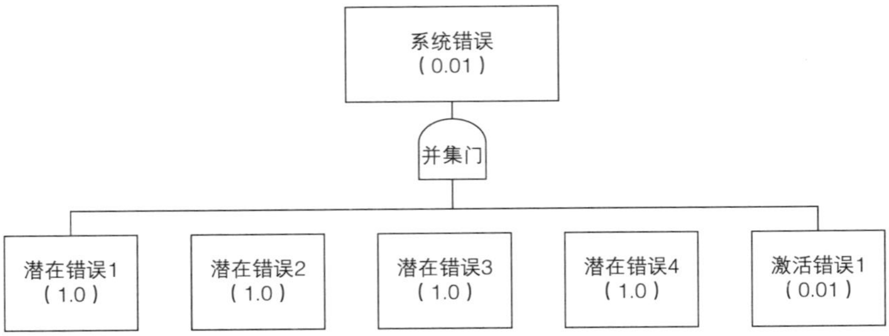

图 7-8　潜在错误率和激活错误率

还记得我之前观察到的现象吗？激活因素往往“绊倒”在地雷般的潜在因素上。如果地雷已经存在了，那么地雷爆炸的可能性就是某人踩到它的可能性，潜在错误和激活错误的道理也是一样的。

总之，减少人为错误产生的危害与减少错误本身同样重要。建立有效的机械性屏障，是减少人为错误导致的危害的途径之一，当然，也一定是最佳途径。不过，另有一种方法（尽管没有前者有效）是在系统内构建冗余成分，从而使系统更具容错性。正如托马斯·吉尔伯特认为的，我们能够很好地处理人员绩效，使它们产生价值，同时我们也需要尝试探索如何设计更具容错性的系统；这些系统能够包容一个或更多的人为错误，使自身不发生灾难性的故障。换言之，我们应该努力创造一个系统，使它能够像某手表广告中所说的那样，“错误难免，继续向前”。

因此，减轻人为错误产生的危害、识别并消除潜在错误、改进认知环节、提供有效提示物（不论是以原始方式，还是以高科技方式），都是预防系统故障的有效策略。这些策略既可以改进工作系统的质量和可靠性，又可以提高其整体的运行安全性。

第八章　就到这里吧

就是这样了！希望你享受了这碗涉猎广泛的名为人员绩效的字母汤，也希望你能在其中学到一些知识，并且可以将它们运用到精益绩效改进的工作中。

本书的每一章都提出了一系列重要的知识点，我将它们总结为如下清单，供你打包带走。

第一章

- 人员绩效是个复杂的现象，它包含了大量各式各样、彼此独立又互相影响的因素。这些因素大部分来自人们工作的外部环境，但也有一些是内在因素，来自于执行者本身。这两类因素都会影响工作的效率。
- 先天和后天的潜在因素共同决定了每个人独特的表型；反过来，这些表型又会影响到个体执行任务的潜在能力。特定的表型是指有机体显著的性状特征。个体的表型会受到个体基因和各种环境因素的共同影响（后者包括知识、技能发展、工作经验），也受基因－环境因素的相互影响。

- 先天能力是掌握技巧或具备能力的基础，是先天－后天等式中的“先天”部分。在某些情况下，先天能力通过建立基因决定的性能阈值来限制潜在的绩效水平。相比之下，通过训练（很多情况下是针对性训练）产出期望的绩效结果，则是“后天”技能。
- 个体执行工作的潜在能力会进一步受到他所处的即时任务情境的影响，这些与任务或工作情境相关的因素也会影响任务的执行。工作情境会或积极或消极地影响人员绩效。在很多情况下，失败的人员绩效是由设计不良的脆弱系统导致的，而不像人们常认定的那样——是由容易出错的执行人员导致的。
- 先天潜在因素、后天潜在因素与即时任务情境共同作用后，会产生一些可接受或不可接受的绩效结果。
- 任务分析、任务和工作情境设计、人员选拔、培训与发展都是改进人员绩效的重要方向。

第二章

- 从个体任务的层面看，无论是何种任务类型或任务情境，人员绩效涉及不同程度的感知、认知和行为。“感知—认知—行为”循环或PCA循环，是即时任务层面人员绩效的基础构件。反过来，失败的人员绩效和相关的人为错误往往是由某些感知、认知或行为的错误导致的。
- 感知是察觉、组织和解读信息的过程，使人们能够识别即时环境中有意义的物体和事件。
- 认知包含与思考、了解、推理、记忆、交流相关的所有心智加工活动。它涉及理解、决策和行为策划的各个方面。
- 行为涉及身体实际的物理移动，如运动（由双腿发力），或对某一物体的物理操控（由双手控制）。行为是对感知和认知的物理反应。

- 感知、认知和行为涉及感觉（产生感知）、心智加工（产生认知）和行动（产生行为）。这个感知、加工、行动的“生理－心理模型”通过神经系统连结在一起，而神经系统也是一个完整的神经信息或信号传递的子系统。
- 感觉是指察觉外在的刺激或信号。由于人们通过感觉（视觉、听觉、味觉、触觉或嗅觉）来感知外部环境（现实世界），因此感觉就是人们获取信息的方式。如果信号不能被察觉或感知到，它就不可能被传输到大脑中，心智加工也就无从谈起了。
- 心智加工往往发生在接收到信号以后，包括理解、决策、行为挑选和行为计划。
- 神经系统是人体内高速电化学交流网络（信号网络），它由中枢神经系统和周围神经系统的全部神经细胞组成。
- 运动实际上相当复杂，它涉及骨骼、肌肉等，并在以下因素的相互作用下完成：

  ——骨骼；

  ——连接骨骼的关节；

  ——控制关节运动的肌肉；

  ——携带氧气、为肌肉运动提供能量的红血球。
- 我们若想更好地理解和改进工作场所的人员绩效，用“感知—认知—行为”模型思考问题就变得很重要。
- 响应时间等于反应时间加行动时间。响应反应可以是单一的，也可以是选择性的。在一些情况下，响应时间可以只是零点几秒。

第三章

- 成功和失败是所有工作系统的凸显特征。因此，如果把工作系统相关的表现看作是一枚硬币，成功和失败就是这枚硬币的两面，它们之间的差异和界限比我们设想的要小很多。

- 在理解工作系统故障时，我们必须深刻理解人员绩效和相关人为错误在其中的影响。
- 对人为错误的定位之一就是，它是造成失败的“原因”。
- 我们可以用一个新的视角看待人为错误，即人员绩效在很大程度上是由工作系统情境导致的。在这种新的框架内，人们若想真正理解人员绩效，理解为什么当事人会以那样的方式执行任务，就必须首先理解任务发生时的现场情境。
- 有时，在恰当的条件下，微小的错误（人为错误）和系统组织缺陷（也叫作潜在因素或错误诱发条件）会共同带来致命的后果。
- 潜在因素是那些不良事件发生前就已经存在的“设定好”的因素。潜在因素容易导致工作系统发生安全隐患，因此有潜在因素的系统往往更容易发生人为错误。
- 激活因素是指触发、推动和诱发性质的因素。人为错误是常见的激活因素，是意愿之外的激活或抑制行为。
- 疏漏错误是指非故意地遗漏或未执行某个规定的任务（出于某种原因忘记做）；执行错误是指错误地执行了某个规定的任务（以错误的方式执行）。
- 在有些情况下，我们很容易预见人为错误发生的“地方”或发生在任务序列中的哪一个环节，这点在疏漏错误上尤为明显。
- 人的可靠性取决于正在完成的任务的属性。在“完美的”任务情境下，人们能在一定概率范围内，持续、稳定地达到较高水平。但这些“完美的”任务情境并非随处可见，因此人的可靠性会因为错误诱发条件的存在而降低。

- 为了保证工作系统环境是高度可靠和安全的，管理者务必持续检查、识别并清除错误诱发条件。同时要持续保持警惕，因为随着时间的推移，许多工作系统的安全性会逐渐退化，于是系统内出现了潜在危险，错误诱发条件（和其他的潜在因素）不断增加。除非我们主动监测工作系统的状态，否则这些问题很可能会将整个系统推向灾难的深渊。

第四章

- 若想提高人员的工作效率，我们必须将精力集中到分析、识别并消除那些浪费时间、浪费精力的人体运动和相应的任务步骤上。
- 通过消除或者显著减少浪费的人体运动，我们能够大大缩短任务周期时间。这也可以使人们能够在相同的时间内完成更多的工作，或者花费更少的时间完成相同的工作。
- 在开展动作分析之前，我们可以进行更通用的任务分析。执行这种任务分析的一个办法是识别与任务相关的所有行为、物体、资源、位置和必须达到的绩效极限。
- 过程任务分析是一种运动分析，主要分析人的行为，即人在执行某一任务时所做的（或没有做的）事情。这样的分析要在分立的任务步骤层面进行。
- 开展过程任务分析时，我们需要做的就是观察人们如何完成某一任务，按顺序记录所有分立的任务步骤，同时收集并记录每一个步骤所消耗的时间。
- 手部微运动分析或动素分析是对个体手部运动非常具体的微观分析。动素是所有发生在单一位置的手工作业的组成成分，它既包含物理运动（即手部活动），也包含感觉 / 心智元素。
- 动素可被分为以下 3 种类型的动作：

——第 1 类动作包含执行操作任务时必需的运动，主要包含拿起、使用、加工、组合、操纵物体的手部运动，它们在操作过程中发挥着至关重要的作用；

——第 2 类动作倾向于延缓第 1 类动作，比起运动，它更多的是思考；

——第 3 类动作不执行任何操作任务，这些类型的动作阻止操作任务的发生，只产生任务延迟。

- 最适合进行人体运动分析的领域是那些持续时间短、分立的、具有高度重复性的任务或时序要求非常严格的任务序列。

第五章

- 改进动作相关的人员绩效往往涉及改进一系列细节，这些细节积少成多，最终可以显著地缩短周期时间，降低成本，提高生产效率。改进措施的关键是关注“脚”和“手”。这些措施包括：消除或缩短步行距离，清除可避免延迟；重新组织设计工作场景以消除不必要的搜索过程；最优化伸展到达过程，降低工人的疲劳程度。改进动作效率的策略包括如下几项。

1. 尽可能消除工序中的空手运输步骤。这些空手运输过程有时和其他不增值步骤是“绑定”的，在这样的情况下，可以消除整个绑定。
2. 缩短运输距离。通过识别高频运输路径，重新设计工作布局以缩短这些路径，进而缩短运输距离。
3. 消除可避免延迟，最小化不可避免延迟。针对手部运动而言，短时的可避免延迟往往由如下两种因素导致：操作者不知道如何准确使用物体（尤其是工具），以及在使用物体或执行组装、拆卸任务时，物体被放置在错误的位置上。
4. 消除“搜索”和“挑选”动素。消除这两类动素的关键策略包括进行合理布局，使用相关的标签，以及不改变物体摆放位置。

5. 最优化伸展到达过程。手到身体中心的标准距离大约为 15 英寸（约 0.38 米），这个距离代表了直接的工作空间距离。最大的“可接触”距离为 25 英寸（约 0.63 米）。最优化伸展到达过程往往与消除搜索、挑选动素同步进行，二者彼此促进，可以有效减少任务周期时间。

6. 消除计划外疲劳所致的休息。发生计划外的休息，可能是由如下二者之一的原因引起的：

（1）工人不具备完成“使用”行为的必备体能——这属于个体差异问题；

（2）物体或工具设计不合理，因此工人们不能持续地使用它们。

在一些情况下，设计不合理的工具不仅会使人感到疲劳，造成计划外的休息，甚至会导致工伤，这种情况在长期高度重复的任务中尤为突出。

第六章

■ 在很多情况下，意料之外的事故或不良事件发生后，尤其在对事故开展正式的调查时，人们往往会进行与人员绩效相关的人为错误分析。

■ 不良事件指人们不希望发生的事件，它们会造成实际存在的或潜在的消极后果。不良事件既包括计划之外的事件，也包括计划之内、但意愿之外的事件。

■ 人为错误分析包括以下部分，而且它们有一定的顺序要求：

——获取一些初始的基本背景信息，为事故调查作准备；

——列出详细的事件时间表，主要关注何时何地发生了何事，谁在何时何地参与其中；

——识别不同的“混淆变量”，这部分调查旨在识别所有相关的潜在因素和错误诱发条件，它们可能会给事件带来直接或间接的影响，或者给个别参与事件的行为人带来消极影响；

——（基于上面第二个条目）从事故主要行为人的角度出发，重新列出事件时间表，即从内向外地审查事故；

——基于记录的所有证据解读事故。

■ 用系统、客观的方法调查各类事故中的人为错误，我们常能得到有价值的线索。它有助于我们理解为什么在事发当时，相关人员采取的错误行为在他们看来却是合情合理的。然而，解答这个问题的关键在于由内而外地审查，而不是由外而内地回顾性思考。

第七章

成功处理与人为错误相关的质量安全问题，往往需要一种三分支方法。

■ 第一个分支是在组织管理层面上。组成这一分支的方法包括持续监控、识别并消除工作系统内部的潜在错误因素和相关的错误诱发条件。

■ 第二个分支是在个体执行者层面上。它至少应该包含以下因素。

1. 改进感知环节。这种以感知为中心的策略要求我们营造一个工作环境，它能够使人们更容易、更成功地：

    （1）注意到重要的刺激，即使他们常常身处嘈杂繁忙的工作环境中；

    （2）辨别不同刺激；

    （3）识别并认清特定的感觉输入。

2. 提供有效提示物，它可以是简单的清单，也可以是计算机生成的复杂系统，形式多样。

    （1）我们有两种基本类型的清单，即确认清单和阅读清单。

    （2）有效提示物应具有如下主要特性：

    ①显著性：在关键时刻吸引使用者的注意；

②紧密性：在时间和距离上，与必需任务步骤尽可能地保持紧密；

③环境相关性：提供足够的信息，告知执行者何时何地执行所提示的任务步骤；

④内容相关性：提供足够的信息，告知执行者必须完成什么；

⑤可清点性：允许操作者清点是否正确实施了任务要求的分立行为或条目。

（3）有效提示物的次要标准进一步包括：

①综合性：可以在很广的范围内，有效提醒任务完成的步骤；

②强制性：阻止下一个步骤的开展，直到完成必要的上一个步骤；

③证实性：有能力核对已经按计划完成的必要步骤；

④便捷性：不会导致意料之外的其他问题（或不当地增加心理距离）；

⑤结果性：完成任务和检查任务后，提示物可以随时被消除。

■ 最后一个分支是在任务设计或策划上。这一分支的初衷是设计具有容错性的工作系统，减轻人为错误带来的危害，它包括：

1. 设计硬性机械性屏障或控制装置；
2. 在工作系统内构建冗余系统，只有当多个错误同时发生的时候，工作系统才会发生故障。

在任何工作情境中，人员绩效的作用都不容小觑。尽管技术已取得了巨大的进步，但是这些进步仍然依赖于我们——偶尔出错、但创造力非凡的人类。因此，更好地理解人员绩效、持续改善人员绩效非常关键。只有这样，我们的工作才能更高效、更可靠、更安全。

术语表

能力：个体持久稳定的品质，在很大程度上由个体的基因组成或基因型决定。

行为：身体实际的移动，如运动（由双腿发力）或操控物体（由双手控制）。

激活因素：触发、推动、引起错误的因素。人为错误是一种常见的激活因素。

不良事件：指人们不希望发生的事件，它们会造成实际存在的或潜在的消极后果。不良事件既包括计划之外的事件，也包括计划之内但意料之外的事件。

信号器：发出声音信息和视觉信息的显示器。

唤醒（水平）：中枢神经系统的激活水平。

注意力：某人集中精力并认识到所处环境的能力；注意力包含选择性和强度两个维度。

注意力强度：精神集中度以及对所处环境的意识程度。

自主神经系统：周围神经系统的一部分，负责控制体内器官和腺体的自我调控功能（如心跳）。

可避免延迟：延迟或待命状态。通过调整或改进任务序列，可避免延迟能够被彻底剔除。

屏障：用于控制危险或保证质量的不同类型的措施（如物理阻碍、程序、训练等）。

才能：人们能够通过训练而发生改变的特性，也是一个人能够出色完成任务的潜力。

中枢神经系统：包含大脑和脊髓的神经系统部分。

选择响应反应：一种要求执行者对每类刺激进行不同响应的反应。

组块：将物体组织成熟悉的、可管理的单元的过程，该过程往往自动发生。

封闭式运动技能：在可预测或静止环境中执行的技能；允许执行者提前计划他们的运动。

认知：与思考、了解、推理、记忆、交流相关的全部心智加工活动。

认知技能：一种以执行者的决策力为首要因素的技能。

后果：事件或行为（包括人为错误）的结果，或积极或消极。

连续技能：一种往往以不间断的、没有明确起止点的行为形式开展的技能。

控制室：操作者对系统或设备实施正常控制的空间。

周期时间：从程序或任务的某一个清晰点到另一个清晰点所需要的时间。

（尤指困难、使人劳累、令人烦恼等的）要求：环境或基本人员机制的成分，它增加人员的负荷，或以其他方式抑制人员绩效。

察觉：感知或感受某类感觉输入；这里使用它的狭义含义“意识”，而不附加更深的“理解”的含义。

分立技能：能够执行简短的、具有清晰的起止点的任务的技能。

显示器：一种向人们显示设备状态的工具，而人类通过某种感知机制接收其传达的信息。显示器也会显示其他类型的信息。

辨识度：能够在不同物品中被区分或区别出来的性质。

干扰物：分散注意力或妨碍人集中精神的事物。

情商：感知、理解、管理、使用情绪的能力。

编码：将信息编入记忆库的过程。

工效学：将机械设计、业务操作和工作环境与人类能力及能力限度相适应的学科。

执行错误：以错误的方式执行了规定的任务（做了但没做对）。

疏漏错误：非故意地遗漏或未执行规定的任务（出于某种原因忘记做）。

错误诱发条件：工作系统内含的降低人员可靠性（使人们更容易犯错）的特征；一种特殊的、与人员相关的潜在因素。

疲劳：由身体或精神消耗导致的疲惫或怠倦。

精细运动动作：有关小肌肉群的协调和控制的动作，需要精准调整（如缝纫）。

基因型：有机体的基因组成；个体独特的基因序列。

大幅度运动动作：在相对剧烈的活动中，运动者对大肌肉群的控制和协调（如举重和足球）。

手部微运动分析：参见“动素分析”。

触觉：一种与触摸（特别是手部触摸）关联的感觉，与对物体的感知和操控有关。

人类感知：人类对感知输入的探测。

人为错误：人员无意的行为或不作为导致的错误。

人员绩效：人员产生的业绩、成就或结果。

人员可靠性：个体或组织的业绩取得成功的几率。

无知：对一些事情不了解。

个体差异：由于个体稳定而持久的能力差异而产生的个体表现水平差异。

不称职：错误应用“已知”知识。

输入：外在的刺激、信号、线索或命令。

输入清晰度：输入的辨识度和可识别度。

输入察觉：对输入的生理上的察觉（如感知、感受）。

输入辨别力：在嘈杂的工作环境中识别特定输入的能力；能够区分两种不同的输入信息的能力。

输入识别：确定（识别）特定输入的能力。

工具探测：利用工具进行的输入探测。

智商（IQ）：一种心智品质，由学习经验、解决问题、运用知识以适应新环境的能力组成；是遗传因素和后天训练共同作用的结果。

倾向：采取某种行为的心理趋势（又见“动机”）。

倒 U 形理论：描述了唤醒水平和人员绩效间相对稳定的关系。

潜在因素：在不良事件发生前，已经存在的“设定好”的因素；容易导致工作系统出现安全隐患，使人们更容易出错。

长时记忆：相对持久的、无限制的记忆库。

心智要求：执行某项任务的个体所需的心智能力；心智要求的高低取决于任务功能和个体能力。

模型：对系统的尝试性描述，目的是解释系统的诸多属性。

动作分析：对人类大幅度运动动作（一般使用双腿）和精细运动动作（使用双手）的分析。

动机：驱动外在行为的内在需求或内驱力；它将人的潜能转化为人的行动。

运动神经元：将来自大脑和脊髓中的输出信息通过周围神经系统传递给肌肉和腺体的特定神经元。

运动技能：帮助任务执行者做出身体运动的技能，这些运动的质量（往往指速度）是取得成功的首要因素。

运动时间：自动作响应开始到响应完成的明确的时间间隔。

需求：对终止状态的渴望。

神经系统：人体高速传导电化学交流或传输信号的网络。神经系统由中枢神经系统和周围神经系统组成。

神经元：神经系统最基本的结构和功能单位，分为细胞体和突起两部分。树突将信息带入细胞体，轴突将细胞体的信息传递到另一个神经元、腺体或肌肉。

非必要注意力干扰：与完成任务不直接相关的干扰物。

开放式运动技能：在不可预测的、变动的环境中表现出的技能；要求执行者根据环境的动态性调整他们的动作。

PCA 循环：包括感知（P）、认知（C）和行为（A）的人员绩效"循环"。

感知：察觉、组织、解释感觉信息的过程。

感知狭隘：人随着唤醒水平增高而注意焦点变狭窄的过程。

绩效：结果、成就或成绩。

周围神经系统：包括脊髓和脑外的神经系统部分。

人员选拔：以工作或执行特定任务为目的的人员选拔工作。

表型：一个有机体可观测到的性状，它包括形态（如身高和体重）、生物和生理方面的性质，以及先天和后天的表现。

训练：为了熟练掌握技能而反复进行的操作或系统性练习。

概率：介于 0 和 1 之间（包括 0 和 1）的一个数字，量化地表现了事件发生的可能性或机会；0 表示永不发生，1 表示总会发生。

过程任务分析： 一种工序分析，主要研究人的活动或人在工作时正在做的事情（或没有正在做的事情）。

信息加工： 包括心智理解、决策、行为挑选、行为策划，往往发生在接收识别的信号后。

心理距离： 在执行任务或采取必要手段以达成最终状态中遇到的所有困难；任务的“麻烦因素”。

精神运动技能： 既与认知相关也与运动相关的技能；知道做什么，并且有能力完成它。

伸展到达： 手和（双）臂触摸或抓取过程中做出的移动或动作。

反应时间： 从发现刺激物或感知输入到完成行为反馈之间的时间长度。

回忆： 在没有感知线索帮助做出反应的情况下，主动从记忆库中提取信息的过程。

识别： 对感知线索或感知辅助做出反应，不需要回忆过程。

可靠性： 成功发挥作用的可能性。

响应时间： 从发现刺激物或感知输入到完成行为反馈之间的时间长度。

检索： 从记忆库中获取信息的过程。

选定的搜索区域： 人的注意力被导向的空间区域。

感知： 发现外在刺激或信号。

传感器： 察觉、感应信息的设备。传感器检测到的输入信息一般通过视觉显示器、信号器或声音警报器等设备表示出来。

感觉记忆： 记忆系统对感觉信息即时、简短的记录。

感觉神经元： 从感觉接收器（如眼和鼻等）接收信息，并通过周围神经系统将其传递到中枢神经系统的特定神经元。

序列技能： 一种由若干分立技能顺序连接而成的技能组合。运动的组合顺序对能否成功完成任务十分关键。

短时记忆：也称工作记忆，表示“激活了”的回忆，存放着一些很快被遗忘的信息条目。

单一响应反应：仅要求执行者察觉单一刺激的反应（如察觉比赛的“开始”信号）。

单点故障：由单一的人为错误或组件故障造成的系统整体错误。

技能：经过训练后产生的最稳定的、消耗精力和时间最少的、达到预期性能结果的能力。

躯体神经系统：负责控制骨骼肌自主运动的周围神经系统。

脊柱调整：通过脊柱将自主运动的信号表达为对应的肌肉的调整机制。

刺激：（本书中指）某些类型的感觉输入。

存储：将信息导入记忆系统（尤其是长时记忆）的过程。

突触：神经元末尾的微小间隙，允许信息从一个神经元传递到另一个神经元。突触既存在于两个神经细胞相连的地方，也存在于细胞与肌肉、腺体相连的地方。

任务环境：执行任务的实体环境（如物理环境、社会环境等）。

任务序列：将相关联的任务分组，有逻辑性地安排工作。

动素：在单一位置上执行的所有手工工作的基本结构单元；由数量相对较少的重复出现的基本手部运动构成（如抓取、载重运输、卸载等动素）。

动素分析：弗兰克·吉尔布雷斯开发的分析手部微运动的一套方法（吉尔布雷斯是科学管理的早期倡导者，研究行为的带头人。“动素”（therblig）是吉尔布雷斯名字除“th”两个字母以外倒过来的拼法。也叫“手部微运动分析”。

时限要求：对个体做出的要求，其必须在特定时间内完成任务。

不可避免延迟：由任务执行者责任之外的原因导致的延迟（即执行人员控制能力之外的延迟）。

效价：某项工作的完成对于满足个人需求的价值。

警觉：对关键输入信息、输入信息的特定方面或不同的输入信息保持持续关注的过程。

警觉衰减：人们对关键信号（输入）保持警惕的能力随时间而减弱的现象。

工作负荷：执行某项工作时个体需要完成的工作量。

最佳功能区：人们处于最佳绩效状态时的唤醒水平范围。

版权声明

Lean Human Performance Improvement / by Jerry L. Harbour / ISBN: 978-1-4822-9881-9